WO FRANKREICH AM BESTEN ISST

Anna Dünnebier
Gert v. Paczensky

Wo Frankreich am besten isst

Aquitaine

Zwischen Pyrenäen und Atlantik

HÄDECKE VERLAG

Fotonachweis: Titel, Seite 52, 56, 71 unten, 100/101, 104/105:
Rita van Endert, Engelmann. Innentitel und Seite 121: Alquier.
Seite 27, 128 links: Edith Gerlach. Seite 135: Hädecke-Archiv.
Alle anderen Abildungen: Anna Dünnebier.

Layout und Redaktion: Monika Graff
Satz: E. Schuhmacher, DTP, Magstadt
Karten: St. Zimmermann, Grafik Design, Stuttgart
Reproduktionen: FotoLitho Longo, Bozen
Druck: Printer Portuguesa

ISBN 3-7750-0310-X

Seite 5 zeigt den Marktplatz von Sarlat.

INHALT

FAST EIN SCHLARAFFENLAND 7

PÉRIGORD 13
Rezepte 26

BORDELAIS 31
Die wichtigsten Crus im Bordelais 36
Rezepte 54

BASKENLAND 59
Rezepte 79

GASCOGNE 85
Rezepte 102

BÉARN 107
Rezepte 123

DIE REZEPTE DER CHEFKÖCHE 127

Adressen, Feste und Veranstaltungen 138

Rezept-Register 142

Saintes
Limoges
Cognac
Royan
Angoulême
Gironde
Varaignes
Brantôme
Lesparre Médoc
Pauillac
Ribérac
St. Laurent Médoc
Blaye
St. Aulaye
Périgueux
Brive
Lamarque
Carcans
BORDELAIS
Bourg
Montpon-Ménestérol
Montignac
Grotte de Lascaux
Macau
Lacanau
Ludon
Pomerol
Libourne
Lussac
PÉRIGORD
Salignac-Eyvigues
Lormont
Beychac
St. Emilion
St. André-d'Allas
Ste. Nathalène
Bergerac
Lalinde
Eyzies
Sarlat-la-Canéda
Pessac
Bordeaux
Caillau
Ste. Terre
Dordogne
Créon
Monbazillac
la Roque-Gageac
Léognan
Garonne
Gujan-Mestras
Cadillac
Domme
Arcachon
la Teste
Biganos
le Teich
Villefranche-du-Périgord
Langon
Bazas
Villeneuf-sur-Lot
Cahors
Mimizan
Agen
Sabres
LANDES / GASCOGNE
Labastide-d'Armagnac
Roquefort
Créon-d'Armagnac
Montauban
Barbotan
Condom
Mont-de-Marsan
Villeneuve-de-M.
Cazaubon
Arthez-d'Armagnac
Eauze
Grenade sur-l'Adour
Le Houga
St. Vincent-de-Tyrosse
Dax
St. Sever
Eugénie
Aire sur-l'Adour
Adour
Sabazan
Capbreton
St. Étienne-d'Orthe
Montfort-en-Chalosse
Castelmore
Hagetmau
Geaune
Riscle
Lupiac
St. Mont
Auch
Toulouse
Peyrehorade
Anglet
Maumusson-Laguian
Castelnau-Rivière-Basse
Biarritz
Bidart
Urt
Aydie
Bellocq
Madiran
Abbaye de Belloc
Pimbo
Orthez
St. Jean-de-Luz
Bayonne
la Bastide Clairence
Salies-de-Béarn
Crouseilles
Marciac
Espelette
Corbere-Abères
Castagnède
Sauveterrre-de-B.
Ainhoa
Itxassou
Monein
Pau
Pas de Roland
Navarrenx
Jurançon
Ossès
PAYS BASQUE
Chapelle-de-Rousse
Irouléguy
Tarbes
St. Étienne-de-Baigorry
Gan
Oloron-Ste. Marie
St. Jean-Pied-de-Port
Aramits
St. Gaudens
BÉARN
Lourdes
Bedous
Aydius
Bagnères-de-Bigorre
Accous
B.-de-Luchon
Aquitanien

FAST EIN SCHLARAFFENLAND

Frankreich, das Land der unbegrenzten Köstlichkeiten – zum Essen und Trinken, aber auch zum Schauen, denn sie entstehen in reizvollen, teilweise imposanten Landschaften – bietet so gut wie alle seine Schätze gebündelt in einer Region an, die leider am weitesten von uns entfernt ist: im äußersten Südwesten.
Diese kulinarische Schatzkammer, fast ein Schlaraffenland, umfaßt im Norden das Bordelais mit seinen unendlichen Weinfeldern und das waldige, hügelige Périgord, in der Mitte die Landes mit den riesigen, gleichförmigen Pinienwäldern, im Süden die Äcker und Weine der Gascogne, den französischen Teil des Baskenlandes und das Mais-reiche Béarn. Im Westen bilden die natürliche Grenze die Atlantikküste mit den endlos langen Stränden, im Süden die Pyrenäen mit grünen Tälern und gewaltigen Bergzügen. Von Ost nach West durchziehen es die Ströme Dordogne, Garonne und Adour nebst ihren im Süden ebenfalls ziemlich mächtigen Zuflüssen, den *Gaves.*
Kulinarisch gesprochen reicht die Landschaft von Fisch und Krustentieren über fette Gänse und Enten zu Trüffeln und Steinpilzen, von den Bordeaux-Weinen bis zum Armagnac. Insgesamt erzeugt die Gegend mehr als 8 Millionen Hektoliter Wein, davon 7,5 Millionen Qualitätswein *(Appellation contrôlée)* – umgerechnet eine Milliarde Flaschen. Die kombinierte Genußmöglichkeit dieser Dinge, auch in einfacherer Zubereitung und Zusammenstellung, führt offenbar zu den höchst interessanten vorteilhaften Wirkungen für Herzbeschwerden, die seit ein paar Jahren in Amerika unter dem Stichwort *The French Paradox* Aufmerksamkeit erregen.
Das ist das Kerngebiet des historischen Aquitanien. Hier wachsen die meisten berühmten Weine, hier sind die größten Herden besten Geflügels ebenso zu Hause wie hervorragende Gebirgsschweine und erstklassige Rinder. Ein gewaltiges Angebot von Seefischen konkurriert mit nicht minder guten aus den Flüssen, Seen und Bächen. Berge und Wälder beherbergen reichlich Wild und Wildgeflügel, abgesehen von Trüffeln, Pilzen (besonders Steinpilzen) und Walnüssen.
Seit kurzem erzeugt der Südwesten auch eine Spitzendelikatesse, an die vor einem Jahrzehnt niemand außer einer staatlichen Stelle und einem risikolustigen Unternehmer gedacht hatte: einheimischen Kaviar. An der

Gironde, dem großen, aus Garonne und Dordogne gespeisten Zustrom zum Atlantik, wird seit einiger Zeit Stör gezüchtet. Diesen servieren gute Restaurants im Südwesten Frankreichs schon seit drei oder vier Jahren. Im Jahre 1996 gab es zum ersten Mal auch Kaviar. Er ist ziemlich großkörnig, hat sehr feinen Geschmack und schmeckt bei weitem nicht so aggressiv wie viele russische und mancher iranische.

Frankreichs sprichwörtlicher Reichtum an Käsesorten ist hier im Südwesten besonders ausgeprägt. Fleischpasteten aller Art und *confit,* im eigenen Fett gegartes und konserviertes Geflügel oder Schweinefleisch, haben ihre Kundschaft in der ganzen Welt ebenso wie die *Foie gras* aus Gänse- oder Entenlebern. Vielseitiger Gemüseanbau und gutes Obst gehören ebenso zum gewaltigen Angebot.

Das so gesegnete Aquitanien verdankt seinen Namen den Römern, die es im Jahre 56 vor Christus eroberten. *Gallia divisa est in partes tres* hatte der Eroberer Cäsar geschrieben, was wir fast zweitausend Jahre später in der Schule lernten. Aquitanien war der westlichste dieser drei Teile, mit wechselnder Ausdehnung und Zugehörigkeit; ein paar Jahre nach Cäsar war seine Fläche tatsächlich ein reichliches Drittel Frankreichs, mit einer Völkermischung von Basken, Iberern, Kelten und schließlich auch Westgoten. Damals begann hier der Weinbau.

△△ Ehemaliges Kloster Tamniès

△ Labastide-Clairance

▷ Weinberg im Madiran

Mitte des 12. Jahrhunderts heiratete die Herzogin Aliénor von Aquitanien (und einigen anderen Gebieten) kurz nach ihrer Scheidung vom französischen König Ludwig VII. den Herzog der Normandie, Heinrich Plantagenet, dem auch noch das Land südlich der Normandie, über die Loire hinweg bis heran an Aquitanien gehörte. Nur zwei Jahre später wurde er durch Erbe König Heinrich II. von England. Das brachte zeitweilig mehr als die Hälfte Frankreichs unter die englische Krone.

Das Land ist stark geprägt von seiner englischen Zeit: In diesen Jahren wurde Weinanbau und Vermarktung stark gefördert und natürlich auch der Export nach England.

Das englische Herrschaftsgebiet schrumpfte ab Mitte des 14. Jahrhunderts (1345 Beginn des Hundertjährigen Krieges zwischen Frankreich und England), Ende des 15. Jahrhunderts war es französisch. Aus dieser Zeit der Machtkämpfe stammen die vielen noch erhaltenen zauberhaften aquitanischen *Bastiden:* befestigte Dörfer, um einen quadratischen Dorfplatz herum gebaut, von Häusern mit Erkern und Arkaden umgeben, ausgesprochene Sehenswürdigkeiten!

Der wirtschaftliche Aufstieg wurde im 16. Jahrhundert durch die Religionskriege noch einmal stark behindert. Doch die Region hat so viele Trümpfe, auch kulinarische, daß sie sich nicht nur erholte, sondern zur führenden gastronomischen Frankreichs wurde.

Heute umfaßt diese Prachtgegend die französischen Departements Gironde (33) mit der Hauptstadt Bordeaux, Dordogne (24, Périgueux), Landes (40, Mont de Marsan) und Pyrénées Atlantiques (64, Pau), dazu einen kleinen Teil des Gers (32, Auch).

In Aquitanien werden drei Sprachen gesprochen: außer Französich Okzitanisch bzw. Gaskonisch im Süden bis nach Bordeaux; in den Pyrenäen Baskisch, eine alte Sprache, die schon gesprochen wurde, bevor die indoeuropäischen Sprachen Europa eroberten.

Die fünf Teile sorgen für Vielfalt. Doch manches ist Allgemeingut. Die Küche des südlichen Gebietes ist stark geprägt von Gänsefett (und Entenfett). Ganz im Süden ist die wichtigste Würzung nicht Salz oder Pfeffer, sondern Pfefferschoten, kleine rote, oft scharfe Pimentos. Den Nachtischkäse haben Ziegen und Schafe erobert. Foie gras gibt es sozusagen an jeder Ecke; nicht mehr zu zählen sind die Schilder an Dorf- und Überlandstraßen, auf denen Gänse- und Entenfarmen ihre Produkte anbieten. Die Fleischmahlzeiten in den Lokalen beherrscht das Lamm.

Die älteste Tradition der Fleischnahrung hat das Périgord.

Im Périgord tauchten vor 100.000 Jahren die ersten europäischen Menschen auf. Damals muß es in dieser so harmonischen, schönen und üppigen Landschaft eher nördlich-karg ausgesehen haben: Grasflächen, Farne und Moose, über die große Herden Rentiere, Wildpferde und Bisons zogen, dazwischen Ginster, Birken, Kiefern. Der Rand des ewigen Eises war nicht weit weg, aber hier war es milder wegen der Atlantikluft – die ja auch heute noch für mildes, aber oft regnerisches Wetter sorgt. In den Höhlen am Rand der Flüsse fanden die frühen Menschen Unterschlupf, etwa in dem zerklüfteten Felsen St. Christophe an der Vézère, der bis ins Mittelalter hinein bewohnt war. Diese frühen Vettern des Neandertalers lebten hauptsächlich vom Fleisch der großen Herden. Hätte es ein Steinzeit-Kochbuch gegeben, müßte man sich das Grundrezept etwa so vorstellen:

PÉRIGORD

△ La Roque St. Christophe

◁ La Roque Gageac

In einem hohlen Baumstamm oder einer Erdgrube (töpfern war zu dieser Zeit ja noch unbekannt) Ren- oder Pferdefleisch, Pilze, Grassamen, wilde Kräuter mit etwas Wasser angießen. Als Fett möglichst viele Maden dazugeben (Wildfleisch ist sehr mager). Steine im Feuer erhitzen, in das Gefäß geben, ständig die abgekühlten durch neue Steine ersetzen. Auf diese Weise köchelt das Ragout langsam gar. Der rauchige Geschmack der Steine würzt die Sache.

Spätere Steinzeit-Nachfolger, die Cromagnons, hinterließen so herrliche Spuren wie die Höhlenmalereien von Lascaux und Combarelles. Diese expressiven, leicht abstrahierten Bilder von Stieren, Wildpferden, Bisons und Hirschrudeln sind mit ihren kühnen Perspektiven und dann wieder realistischer Genauigkeit so eindrucksvoll, auch so „modern", daß bei der Entdeckung zunächst niemand glauben wollte, solche Kunstwerke könnten vor 17000 Jahren entstanden sein. Am bekanntesten sind die Höhlenmalereien von Lascaux, die inzwischen nur noch für Wissenschaftler zugänglich sind. Die beiden schönsten „Säle" sind aber in millimetergetreuer Arbeit als Kopie nachgebaut worden; 10 Jahre dauerte das Werk und ist sehr eindrucksvoll zu besichtigen.

Noch eindrucksvoller sind natürlich die Höhlen, die man wirklich noch betreten darf (oft mit beschränkter Besucherzahl und Voranmeldung).

Denn hier muß man sich, ganz wie die Menschen damals, erst durch lange, enge, dunkle Felsengänge mühsam den Weg ins Innere des Berges bahnen, bis sich die Felsspalte zu einem oder mehreren hohen und breiten „Sälen" erweitert, in denen man die Malereien bestaunen kann. Besonders schön ist die Höhle Font-de-Gaume. Sie liegt in der Nähe von Les-Eyzies, wo von der Felswand das Standbild eines Cromagnon-Menschen grüßt. Hier befindet sich auch das Nationalmuseum für Frühgeschichte – und eines der hochgepriesenen Restaurants im Périgord.

Auf der Landkarte der Tafelgenüsse ist der Ort mit dem Hotel-Restaurant *Le Centenaire* verzeichnet. Es hat sehr schöne, luxuriöse Zimmer. Wir aßen dort kein mit Steinen erhitztes Rentier-Ragout, sondern wirklich wunderbare Gerichte wie Taube mit Rote-Bete-Mus oder Meeresspinnen-Törtchen. Eine Mahlzeit entgegengesetzten Stils – einfach, billig, deftige perigourdinische Kost – aber ebenfalls empfehlenswert, fanden wir in der Nähe von Lascaux, das *Bellevue,* bergauf vom Lascaux-Parkplatz, mit herrlichem Blick über das Tal, nur mittags geöffnet. Wer es nahe von Lascaux komfortabler und eleganter haben möchte, ist im Schloßhotel *Puy-Robert* gut aufgehoben. Dort bekamen wir so Besonderes vorgesetzt wie Gironde-Kaviar (darüber im Kapitel Bordelais) und auch sonst hervorragendes Essen.

Wer Lascaux besichtigt hat, sollte auch den nahegelegenen Museumspark *Le Thot* ansehen, wo man Nachbauten von Steinzeitbehausungen findet und die Nachfahren der Tiere, die in Lascaux an die Wände gemalt sind, lebendig trifft: Wildpferde, Bisons, Auerochsen. Da

kein lebendiges Mammut mehr aufzutreiben ist, gibt es eine sehr echt wirkende schwarz-zottige lebensgroße Puppe, die sogar den Rüssel hebt und markerschütternde Schreie ausstößt.
Für Menschen, die gerne gut essen, ist das Périgord sicher eine der interessantesten Gegenden Frankreichs, wenn nicht Europas, und auch noch eine der landschaftlich schönsten – mit vielen bizarren Felsen und schattigen Straßen; fast vierzig Prozent des Landes sind bewaldet. Zahlreiche hübsche Flußtäler durchziehen das hügelige Land – Autotouristen müssen sich freilich auf kurvenreiche, oft recht wellige Strecken und die abenteuerliche Fahrweise vieler französischer Fahrer einrichten.
Zum Wohlgeschmack der *Großen Küche* von heute steuert das Périgord vieles bei. An der Spitze steht die schwarze Trüffel, die nicht nur schwarze Haut hat, sondern durch und durch schwarz ist, von einem hellen Aderngeflecht durchzogen. Leichtes Grau bedeutet schon eine mindere Qualität. Die Trüffel kann die mäßigsten Gerichte in Köstlichkeiten verwandeln – allerdings zu hohem Preis. Etwa tausend Mark kostet das Kilo, und 10 bis 12 g pro Portion müssen es schon sein. Anders als die italienische weiße wird die schwarze nicht roh verwendet, sondern vorsichtig gegart, so daß sie ihr Aroma an das Gericht oder die Sauce abgibt. Das nutzen „einfache" Restaurants ebenfalls – für Saucen, die hier aber auch mit Morcheln und Steinpilzen hervorragend angereichert werden, und für das verbreitete Trüffel-Omelett. Das gab es auch im *Bellevue* und war selbst dort entsprechend teuer.
So sehr die Trüffel fast alles verbessern kann, auch Fisch- und Gemüsegerichte – das tut sie nur, wenn sie frisch oder gut konserviert ist und wenn nicht an ihr gespart wird. Allein schmeckt sie hervorragend in einer der klassischen Zubereitungen, im Blätterteig oder *sous la cendre* (mit Speck in Folie verpackt unter heißer Asche gegart). Überall im Périgord bieten Läden mit Regionalprodukten eingemachte Trüffeln in kleinen Gläschen an. Der berühmteste Konserven-Produzent, der als kundiger Einkäufer im ganzen Périgord bekannt ist, sitzt allerdings im benachbarten Departement Lot in Cahors: P. Pébeyre.

Als *Trüffelhauptstadt* gilt Sorges, nordöstlich von Périgueux. Hier ist im Januar Trüffelmarkt, und das ganze Jahr über ist das Trüffelmuseum geöffnet. Es gibt sogar im umliegenden Wald einen *Trüffel-Lehrpfad,* wo die einschlägigen Eichen in verschiedenen Alterstufen stehen. Im Winter veranstaltet das *Syndicat d'Initiatives* auch Tagestouren für Trüffelsucher. Auf dem Lehrpfad kann man sehen, wie dort, wo Trüffeln wachsen, kein Gras und keine Blume mehr hochkommt, *die Erde verbrannt ist,* wie die Trüffelbauern sagen. Denn die Trüffel sondert einerseits Herbizide ab und verbraucht andererseits alles Wasser der Oberfläche. Das bedeutet umgekehrt, daß unter den Eichen Trüffeln eher gedeihen, wo man das Unterholz gelichtet und widerstandsfähiges Unkraut entfernt hat. Trüffeln lassen sich zwar (noch) nicht züchten – aber man kann und muß sie trotzdem pflegen. Das heißt auch, daß in trockenen Sommern reichlich bewässert werden muß, denn e*in Sommer ohne Regen gibt einen Winter ohne Trüffel,* so heißt es hier.

Es dauert ungefähr 10 Jahre, bis man unter einer neugepflanzten Eiche Trüffeln ernten kann. Und unter zu alten Eichen, die mehr als 60 Jahre auf dem Buckel haben, gedeihen sie auch nicht mehr. Im letzten Jahrzehnt hat man sich im Périgord große Mühe gegeben, *Trüffeleichen* wieder anzupflanzen und die bestehenden zu pflegen. Vorher war es mit der Trüffelerzeugung bergab gegangen, die Provence hat da längst das Périgord überholt. Und dazu herrschte ein schwunghafter Handel mit einer chinesischen Trüffel, die dem „schwarzen Diamant" aus dem Périgord täuschend ähnlich sieht, aber nach nichts schmeckt und riecht. Dem Geruch halfen geschickte Betrüger mit ein paar Tropfen echtem Trüffelöl nach...

Davor braucht man sich in den Restaurants des Périgord nicht zu fürchten; hier duftet einem das herrliche Trüffelaroma schon von weitem vom Teller entgegen, wenn man Entsprechendes bestellt. So gut wie alles, was von der Trüffel bereichert und verbessert wird, ist im Périgord in vortrefflicher Qualität zu haben – jede Art Schlachterware von luftgetrockneten Würsten über Lammbraten zu größerem Schlachtvieh, aber auch erstklassiges Geflügel und sehr gutes Gemüse. Unser Trüffel-Höhepunkt liegt im Südosten des Périgord, im Dorf Domme, 12 Km südlich von Sarlat. Das Dorf ist eine alte *Bastide,* ein befestigter Ort aus der Zeit der englischen Kriege, mit Mauer und mächtigen Toren, schönen alten Häusern und säulengetragener Markthalle. Es liegt 250 m hoch über der Dordogne auf einem Berg mit herrlichem Blick über die Ebene.

Ganz oben ist das Hotel *L'Esplanade,* vom Eßsaal aus guckt man ins Tal und auf den Fluß. Wenn man nicht lieber auf den Teller guckt: da liegen

dann zum Beispiel *Truffinettes au velours de Truffe,* hervorragende Trüffelwürstchen, oder Trüffel im Blätterteig mit Foie gras, oder eine *Sauce Périgueux,* Sauce mit – na was schon. Besitzer und Chefkoch René Gillard liebt das Deftige, verwendet sehr reichlich beste Zutaten, wenn es schon nicht Trüffeln sind, dann wenigstens Steinpilze oder Morcheln.
Domme liegt in einer touristisch besonders reizvollen Gegend. Die Dordogne fließt hier durch mächtige Felsenlandschaft, dann wieder durch idyllische Wiesen und Wälder, vorbei an hübschen kleinen und protzigen großen Schlössern und an pittoresken Orten. Wer will, kann sich das vom Boot aus ansehen: In vielen Orten gibt es Kanus und Kajaks zu mieten, auch für mehrtägige Fahrten (am Schluß wird man samt Boot im Auto wieder abgeholt). Übrigens liefern die Flüsse und Bäche des Périgord ausgezeichnete Forellen.
Zu den verblüffendsten Dörfern an der Dordogne gehört La Roque-Gageac, wie an den Berg geklebt entlang der Straße am Fluß, und ganz oberhalb der Stadt kleben die Ruinen des Schlosses, das sich die Bischöfe von Sarlat hier gebaut hatten. Wer schwindelfrei ist, kann über abenteuerliche Treppen bis oben hinaufklettern. Wer das nicht ist, bleibt unten und setzt sich in der *Plume d'Oie* an den Tisch, gut bekocht – man staune – von einem Chef englischer Herkunft. Seine Frau, im Saal, ist Holländerin.
Der Chef ist im Périgord nicht der einzige Engländer. Viele seiner Landsleute haben diese Gegend für sich entdeckt, die mit ihren grünen Hügeln, fruchtbaren Tälern und dem feinen Regen an zu Hause erinnert, nur daß es hier viel milder ist und so viel besser schmeckt!
Sarlat (-la Caneda) selbst ist verdientermaßen beliebtes Touristenziel: eine gelungen restaurierte Altstadt mit prächtigen Häusern aus ockergelbem Kalkstein, die meisten zwischen 1450 und 1500 entstanden, oft mit malerischen Innenhöfen, die Dächer mit schweren Steinplatten gedeckt. Bei manchen Häusern wurden auf ein mittelalterliches Erdgeschoß später im Renaissance-Stil weitere Stockwerke aufgesetzt. Das einzig neue ist die Hauptstraße, die im 19.Jahrhundert als gerade Achse durch den Ortskern gebaut wurde.
Eine so harmonische und geschlossene Altstadt gibt es nur noch selten. Entsprechend voll von Reisenden aller Länder ist es hier – besonders im Sommer kriegt man kaum noch einen Fuß auf die Erde. Besser ist es, außerhalb der Saison zu kommen, dann aber unbedingt an einem Samstag, wo auf dem Platz der Liberté und in den Nachbargassen unter malerischen bunten Schirmen Wochenmarkt ist und alle Herrlichkeiten des Périgords angeboten werden.

△ Markt in Sarlat
▽ Nußmühle
▷ Bories

Mit einer Unzahl von Nußbäumen signalisiert die Gegend eine weitere Spezialität. Walnüsse werden gern „so" gegessen, reichlich exportiert und hier viel zu Süßigkeiten verarbeitet. Außerdem wimmelt es in den einschlägigen Läden von Nußlikör. Schließlich liefern die Nüsse den Köchen das erlesene und bei uns zu wenig bekannte Nußöl, das (nur ein Beispiel) Salate zu besonderen Delikatessen macht. Es lohnt sich, die alte, traditionelle Nußölmühle *Moulin de la Tour,* nahe Sarlat zu besichtigen.

In dieser Wassermühle aus dem 16. Jahrhundert sieht es aus wie in einem Museum: Der alte gewaltige Mühlstein, der die Kerne zerquetscht, der Wasserfall, der den ganzen Mechanismus antreibt, das steinerne Becken, das von unten mit Holz befeuert wird, um den Nußbrei zu erwärmen, und schließlich die altmodische Presse. Aber hier wird durchaus noch produziert, viele Nußbauern der Umgebung lassen ihre Nüsse hier pressen. Sie schätzen die hohe Qualität, die aus der alten Erfahrung resultiert. Besonders heikel ist dabei der Vorgang des Erhitzens; kalt lassen sich die Nüsse nicht pressen, zu warm verlieren sie aber an Aroma und Feinheit. In der Moulin de la Tour wird die Temperatur nicht von Computern und Thermostat geregelt, sondern von dem erfahrenen Ölmüller, der sieht und riecht, wann es soweit ist. Die Mühle produziert und verkauft übrigens auch ihr eigenes Öl.

Ebenfalls in der Nähe von Sarlat, diesmal in westlicher Richtung, sollte man sich nicht entgehen lassen, die *Bories* bei St.-André-d'Allas zu besichtigen: altertümliche Steinhütten, die samt ihrem Kuppeldach ohne Mörtel aus übereinanderliegenden Steinplatten aufgeschichtet wurden. Eine archaische Bauweise. Vereinzelt findet man solche Hütten auch an anderen Stellen im Périgord: sie dienen als Unterkunft für Schäfer, oder auch nur als Abstellplatz für Erntegeräte. Aber eine solche Ansammlung vieler Bories wie hier ist selten und sehenswert.

Zum gastronomischen Portrait des Périgord gehören natürlich auch Gänse und Enten, mehr und weniger fette – seine Küche ist geradezu beherrscht von ihnen. In Sarlat haben die Gänse auf der *Place aux oies* ihr verdientes Denkmal. In fast jedem Lokal, besonders in denen mit gutbürgerlicher, traditioneller Küche, gehört *Confit* von Gans oder Ente zu den Hauptgerichten. Für Confit wird das Fleisch in Gänse- bzw. Entenfett langsam gegart und anschließend in diesem Fett eingelegt. Das ist eine alte Methode zum Fleisch-Konservieren aus der Zeit, als es noch keine Kühlschränke gab; das eingelegte Geflügel hält sich monate- oder sogar jahrelang. Schon die Ägypter der Pharaonenzeit kannten diese Methode: auf Wandgemälden haben sie dargestellt, wie ganze Enten in großen Tonkrügen in Fett eingelegt wurden. Die Franzosen teilen sie vorher in Stücke: *Aile,* also Flügel (da ist die Brust dran) oder *Cuisse,* Schenkel. Das Fleisch wird nur noch einmal kurz gebraten oder gegrillt, bis die Haut knusprig ist. In allen Läden mit Regionalprodukten (auch anderswo im Südwesten) kann man Confit in Gläsern oder Büchsen kaufen. Da es sich so lange hält, ist es ein nützlicher Vorrat für unerwartete Gäste.
Abgesehen vom guten Geschmack ist ein Vorteil des Confit, daß die Gans, wenn man das Fett abtropfen läßt, keineswegs mehr so fett ist, wie man vermutet; das Fleisch ist so gut wie immer schön mürbe und hat sein Fett abgegeben. Allerdings bekommt man es in Lokalen manchmal zu hart und dunkelbraun oder gar schwarz gebraten. Besonders gut schmeckt es mit (ebenfalls in Gänse- oder Entenfett) gebratenen kleinen Kartoffeln, bei denen nicht mit Knoblauch gespart wurde. Oder gar mit

Pommes salardaises, in Gänsefett gebratenen Kartoffeln mit Pilz- oder Trüffelscheiben.
Trüffeln, Morcheln, Steinpilze, außerdem Crème fraîche oder gar Crème double – das sind Zutaten, die jedes Gericht, jede Sauce sogleich wesentlich schmackhafter machen. Doch eine ist ihnen noch weit überlegen, nach Meinung der französischen Köche (und ihrer Gäste) und vieler in anderen Ländern, besonders jenen in der Spitzengastronomie: fette Leber, Stopfleber von Ente oder Gans. Sie ist im Périgord allgegenwärtig – in den Küchen, also auf den Speisekarten, und auf unzähligen Schildern entlang der Straßen, mit denen Geflügelzüchter auf ihre *Foie gras* (und ihr *Confit*) hinweisen.
Stopfleber hat wegen der Stopfmästung entschiedene und wortreiche Gegner. Aus der Entfernung läßt sich der Unterschied zwischen behutsameren und weniger schonenden Verfahren kaum erkennen, doch die Farmen unterscheiden sich durchaus in ihren Methoden, und seit einigen Jahren verstärkt sich eine Tendenz zur altmodischeren, schonenderen Mast und eine Abkehr von der Industrialisierung, die übrigens allem Anschein nach für Enten unangenehmer ist als für Gänse.
Die Stopfprozedur (mit gequollenem Mais, der mit Fett leichter schluckbar gemacht wird), dauert zwei bis drei Wochen und wird von Gänsen ohne bemerkbaren Verdruß hingenommen. Sie mag unangenehm sein, an ihrem Ende wird das Tier ja auch geschlachtet. Doch bis zu Beginn der Mast können die Tiere sich immerhin auf Wiesen und Maisfeldern frei bewegen. Das deutsche Zuchtschwein hingegen – haben wir nicht genug gehört, wie es, zusammengepfercht und per Kunstnahrung auf mageres Fleisch getrimmt, eine nervöse Existenz von Geburt bis Tod erduldet? Und die Millionen Hühner, ebenfalls weitgehend bewegungslos in den Farmen erst als Legemaschinen, dann als Suppenopfer? Auch das frei herumlaufende Kalb ist bei uns erst wieder neueren Datums. In Wirklichkeit ist fast alles, was im vergangenen halben Jahrhundert gezüchtet wurde, um abwechselnd unsere Freß- und Gesundheitswellen zu bedienen, eine Vergewaltigung der Schlachttiere gewesen (sie hat keineswegs aufgehört), weit schlimmer als alles, was französischen Stopfenten und -gänsen widerfährt. Daran ändert nichts, daß es auch rücksichtslose Produzenten gibt, mehr freilich in den Ländern des früheren Ostblocks.
Im Périgord bieten viele Gänsefarmen Besichtigung an. Eine besonders schöne, große bei Domme in der Nähe von Sarlat ist die *Ferme de Turnac.* Hier sieht man auf großzügigem Gelände die Gänse unter vielen Nußbäumen herumwatscheln (die Ferme produziert auch Nüsse und Nußöl, das sie in der *Moulin de la Tour* pressen läßt). Die Küken leben in Ställen

mit wärmendem Rotlicht. Die Gänse, die Eier legen, haben ihre Extra-Wiese und ihren Extra-Stall. Und in einem großen Gebäude sind die Ställe, in denen gemästet wird. Alles ist zu besichtigen, auch der Vorgang des Stopfens wird vorgeführt. Auf 54 ha leben hier 3000 Gänse aller Altersstufen, betreut von den 7 Familienmitgliedern der Familie Germain und einigen Helfern. Natürlich kannn man hier auch die Produkte der Ferme kaufen.

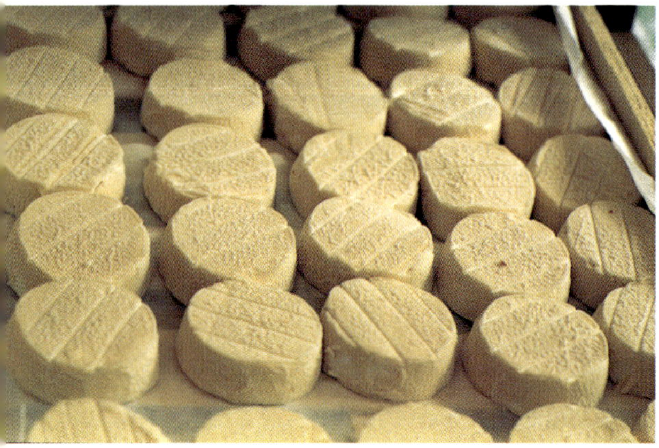

Ganz Frankreich ist überzeugter Foie gras-Kunde, besonders der Südwesten und das Elsaß. Das heißt natürlich nicht, daß Périgordfahrer/-innen auf Foie gras angewiesen wären – es gibt ja genug anderes. Aber es ist schwierig, den vielen Saucen auszuweichen, die mit Foie gras in der Tat wesentlich verbessert werden.

Wie viele andere französische Gegenden hat das Périgord hervorragenden Käse zu bieten. Wenn man bedenkt, welche Attentate auf den guten Geschmack in Deutschland mit „gebackenem Camembert" begangen werden, dann muß man unbedingt den im Périgord weit verbreiteten warmen Ziegenkäse probieren, den *cabécou,* ziemlich kleine, runde Stücke, die natürlich auch kalt schmecken und auf den Käseplateaux der Restaurants selten fehlen. Aber warm schmeckt er eben auch sehr gut; er wird oft so angeboten, meist mit Salat oder auch mit Früchten, etwa *aux pruneaux* (Pflaumen).

Wo so gut gegessen werden kann, herrscht kein Mangel an vortrefflichem Wein – aus anderen Anbaugegenden. Bordeaux, das nebenan liegt, dominiert natürlich. Freilich sollte man auch die einheimischen Weine probieren, die in den Lokalen sehr preiswert sind. Die Gegend um Bergerac liefert überwiegend leichte Weine, als rote etwas gehaltvoller in der Appellation *Pécharmant,* den man auch in der gehobeneren Gastronomie findet und im allgemeinen angeboten bekommt, wenn man nach *gutem Bergerac* fragt. Der Weinkellner eines der besten Lokale in der Gegend freilich antwortete: „Gibt es nicht".

Die Stadt Bergerac selbst, obzwar umgeben (und angefüllt) vom gleichnamigen Wein und eine der größten Städte des Périgord, ist nicht unbedingt ein MUSS für Touristen, weder was ihre Schönheit anbelangt noch vom gastronomischen Angebot. Da ist Périgueux schon wesentlich interessanter, auch wenn die Auswahl an Hotels eher bescheiden ist. Die kleinen Sträßchen und Gassen der Altstadt mit ihren vielen Kneipen und Lokalen aller Stilrichtungen, ein ordentliches Angebot auch in den neueren Geschäftsstraßen locken durchaus, und aus der Vergangenheit sind sehenwerte Gebäude erhalten geblieben.

Nördlich und ein bißchen westlich von Périgueux befindet sich einer der reizvollsten Orte, am Flüßchen Dronne und mehreren Nebenarmen, entlang einer imposanten Felsenwand: Brantôme. Eine beeindruckende alte Abtei, pittoreske Häuser und Plätze, viele Wasserarme und Brücken. Neben der Hauptbrücke stehen ein Renaissance-Pavillon (das Verkehrsamt) und eine alte Wassermühle, in der sich jetzt eines der besten Restaurants der ganzen Gegend befindet, *Le Moulin de l'Abbaye.* Bei schönem Wetter sitzt man auf der Terrasse am Fluß, daneben dreht sich das alte Wasserrad. Dazu gehört ein feines Hotel; die Zimmer sind auf drei Gebäude

▽ Brantôme

verteilt. Hotel und Restaurant sind nur von Ende April bis Ende Oktober geöffnet. Wir aßen da so Verlockendes wie Trüffelkugel in knusprigem Kartoffelteig – toll. Und ausgezeichnetes Milchkalb von der Dordogne. Chefkoch war damals Guy Guenégo.

Mit gutem Rind- und Kalbfleisch ist das Périgord ebenfalls Selbstversorger. Es gibt hier etwa 4 500 Viehzüchter mit Herden von insgesamt mehr als 270 000 Tieren, darunter rund 45 000 Schlachtkälbern. Solch ein Stück Fleisch wird ein Traum, wenn es von einer trüffelduftenden *Sauce Périgueux* begleitet ist.

△ Schloß an der Dordogne

▷ Limeuil

Die traditionellen Rezepte Aquitaines gibt es in vielen unterschiedlichen Versionen; wir geben nachstehend diejenigen an, die uns am besten schmeckten.

Wenn nicht anders angegeben sind bei allen Rezepten die Mengen für vier Personen berechntet.

SAUCE PÉRIGUEUX
TRÜFFEL-SAUCE NACH ART DES PÉRIGORDS

60 g Zwiebeln, 100 g Speck
50 g Butter, 20 g Mehl
1/3 l Rinder-Bouillon
1 Kräuterstrauß, Salz, Pfeffer
1 EL Madeira, 1/2 frische Trüffel
oder 1/2 Trüffel aus dem Glas und Trüffelsaft

Zwiebel und Speck würfelig schneiden, in Butter anbraten, aus dem Topf nehmen. Nun das Mehl darin anbräunen, ständig mit einem Holzlöffel rühren. Langsam unter ständigem Rühren Bouillon zugießen. Zwiebel und Speck wieder zufügen, auch die Kräuter, salzen und pfeffern. 20 Minuten köcheln lassen.
Durch ein Sieb passieren. Mit Madeira abschmecken. Evtl. mit Trüffelsaft aufkochen. Trüffel in feine Streifen schneiden und am Schluß hineinrühren.

POMMES DE TERRE TIÈDES À LA PÉRIGOURDINE
LAUWARMER KARTOFFELSALAT NACH PÉRIGORD-ART

1 kg Kartoffeln
100 g gekochte Maiskörner
1 Trüffel, 1 Glas Weißwein
2 EL Essig, 5 cl Nußöl, 1 Schalotte
1 Handvoll Kräuter: Petersilie, Kerbel und Schnittlauch, Salz und Pfeffer

Kartoffeln kochen, schälen, noch warm mit dem Weißwein begießen, eine Viertelstunde stehenlassen.
Aus Essig, Nußöl, gehackter Schalotte, Kräutern, Salz und Pfeffer eine Vinaigrette rühren.
Kartoffeln mit Mais und der in Scheiben geschnittenen Trüffel vermischen, mit Vinaigrette begießen. Noch lauwarm servieren.

OMELETTE AUX MORILLES FRAÎCHES
OMELETTE MIT MORCHELN

200 g Morcheln,1 kleines Glas Verjus,
4 Eier, 5 cl Crème fraîche
Gänseschmalz, Salz, Pfeffer

Morcheln in Wasser mit einem Schuß Essig sorgfältig waschen, abtropfen lassen. Der Länge nach in Streifen schneiden, in Gänseschmalz anbraten, salzen, pfeffern, mit Verjus angießen, garen.
Ein Eiweiß beiseitestellen, restliche Eier und Créme fraiche mit dem Schneebesen verrühren.
Ein Eiweiß zu Schnee schlagen, mit den Morcheln vermischen und vorsichtig unter die Ei-Sahne-Masse heben. In sehr heißem Gänseschmalz schnell braten.

CANARD AUX GRIOTTES
ENTE MIT SAUERKIRSCHEN

4 Entenschenkel, 500 g Sauerkirschen
1 Scheibe Speck, 5 cl Geflügelfond
Thymian,1 Glas Kirschgeist
Öl, Salz, Pfeffer

Entenschenkel in wenig Öl anbraten, mit Kirschgeist flambieren. Die Hälfte der entkernten Sauerkirschen und den kleingehackten Speck zugeben, würzen, mit Fond angießen. Im zugedeckten Topf 30 Minuten schmoren lassen.
Restliche Sauerkirschen pürieren. Wenn die Schenkel gar sind, das Püree zugeben und etwas einkochen lassen.

POMMES SARLADAISES
KARTOFFELN NACH DER ART VON SARLAT

800 g Kartoffeln, 200 g Steinpilze
3 Knoblauchzehen
1 Bund glatte Petersilie
Gänsefett, Pfeffer, Salz

Kartoffeln schälen und in dicke Scheiben schneiden. Pilze putzen und in große Stücke schneiden, 5 Minuten in Gänsefett braten, beiseitestellen. Kartoffelscheiben 10 Minuten in Gänsefett braten, häufig rühren. Salzen, pfeffern, gehackten Knoblauch und Petersilie zugeben. Auf kleiner Hitze zugedeckt 20 Minuten weiterbraten lassen, oft umrühren.
Pilze zugeben, noch 10 Minuten weiterbraten. Am Ende müssen die Kartoffeln goldbraun und weich sein.
Manche Genießer machen dieses Rezept mit Trüffeln statt der Steinpilze, die man in Montbazillac (Süßwein der Gegend) gart und kurz vor Bratende unter die Kartoffeln mischt.

„Die Menge der Trüffel hängt dabei vom Vermögen des Gastgebers ab, aber nehmen sie nicht mehr als 50 %, sonst hält man Sie für einen Neureichen", riet Gastronomieschriftsteller Cournonsky vor 40 Jahren.

TRUITE AUX NOIX
FORELLE MIT WALNUSS GEFÜLLT

4 Forellen, 50 g Butter
150 g Walnußkerne
5 Scheiben trockenes Weißbrot
2 Schalotten, Petersilie, 1 Zitrone (Saft)
Salz und Pfeffer, etwas Mehl

Die Forellen säubern und ausnehmen.
Füllung: Schalotten und Petersilie im Mixer zerkleinern, Nüsse dazugeben, dann nach und nach Brot, Butter, Zitronensaft und Salz, am Schluß etwas Pfeffer.
Mit dieser Farce die Forellen füllen und zubinden. Mehlieren, in Butter ca. 5 Minuten von jeder Seite braten

GÂTEAU MOELLEUX À LA CITROUILLE
WEICHER KÜRBISKUCHEN

Für 6 Personen
1 kg geschälter Kürbis
60 g Butter
1 Beutel Vanillezucker
120 g Zucker, 150 g Mehl
30 cl Milch,3 Eier, Salz

Kürbisfleisch kleinschneiden, mit 50 g Butter in Flocken, Vanillezucker, etwas Salz und einem Eßlöffel Wasser in einem zugedeckten Topf auf sehr kleiner Hitze ca. 10 Minuten kochen, häufig rühren. Wenn die Kürbisstücke weich sind, alles im Mixer pürieren.
In das Kürbispüree 100 g Zucker mischen, dann das durchgesiebte Mehl, Eier und Milch unterrühren. Mit einer Prise Salz würzen. Gut mischen, so daß eine homogene Masse entsteht.
Kleine Gratinformen mit der restlichen Butter ausreiben, Masse einfüllen, mit dem restlichen Zucker bestreuen, in den auf 240 Grad C vorgeheizten Backofen schieben; ca. eine halbe Stunde backen. Die Oberfläche muß karamellisiert sein. Lauwarm servieren.

BORDELAIS

Westlich des Périgord wird wettgemacht, was zum vollständigen Schlaraffenland fehlt. Dort liegt der Welt größtes Anbaugebiet von Qualitätsweinen. Den Anbau hatten Kelten und Römer noch vor unserer Zeitrechnung angefangen. Es beginnt rechts der Gironde und reicht bis zum Rand des Atlantik, mit dem Zentrum Bordeaux, und so heißt dieses gewaltige Weinfeld, obwohl es in zahlreiche weit berühmtere Gebiete unterteilt ist, im mehrheitlichen Sprachgebrauch schlicht das *Bordelais.*

Bordeaux war jahrhundertelang der große, oft ausschließliche Weinmarkt und Ausfuhrplatz für diesen flüssigen Schatz, längere Zeit in Europa an zweiter Stelle hinter Köln, vom 14. Jahrhundert an an erster. Weinhandel wurde in Bordeaux schon betrieben, als es zur Römerzeit *Burdigala* hieß. Hauptabnehmer war von früh auf England. Die erste Spur eines Einkäufers stammt aus dieser Zeit, eines *negotiator britannicus.*

◁ Weinberge um Château Palmer

◁◁ An der Gironde

Von der Gesamtmenge der aquitanischen Weine mit kontrollierter Ursprungsangabe (Appellation contrôlée) kommen allein 86 Prozent, also 860 Millionen Flaschen, aus dem Bordelais. Die große Menge sind einfache (was nicht heißt, schlechte), überwiegend mit der Herkunftsbezeichnung Bordeaux, Bordeaux Supérieur, Bordeaux Rosé oder Bordeaux Clairet, die aus dem gesamten Bordelais stammen können.

Wer vom Périgord nach Westen fährt, ist sehr schnell zwischen Weinbergen und -feldern, die mehr und Besseres hergeben als das Gebiet von Bergerac. Hier beginnt das gewaltige Herrschaftsgebiet der Cabernets (Sauvignon und Franc) und des Merlot als Rebsorten der Rotweine, mit kleinen Mengen von Malbec und Petit Verdot. Für die Weißweine, von denen nicht sehr viele den Standard der Roten erreichen, wachsen hauptsächlich Sémillon und Sauvignon, dazu kleine Einsprengsel von Muscadelle, Ugni Blanc, Folle Blanche, Colombard und Riesling.

Eigentlich sind die ersten Gebiete, vor dem rechten Ufer der Dordogne, noch zu weit von Bordeaux, um so zu heißen. Dort finden sich, noch bevor sich die Dordogne mit der Garonne zur riesigen Mündung *Gironde* vereint, neben den *Côtes de Castillon* und kleineren die berühmten Lagen *Saint-Emilion* und *Pomerol* gleich nebenan. St. Emilion liegt um die gleichnamige Stadt herum, ein sehenswerter alter Ort. Er heißt nach einem Heiligen, der unsere ganze Sympathie hat: er war gelernter Bäcker und verteilte Brot an die Armen. Der wesentliche Ort für das kleine Pomerol liegt am westlichen Rand: Libourne; er gibt seiner Umgebung den Namen *Libournais* als Gegenstück zum Bordelais.

Aus Saint-Emilion und Pomerol-Lagen kommen besonders gute und einige der überhaupt besten Rotweine. An die beiden schließen sich ebenfalls auf der rechten Seite der Dordogne die weniger hoch eingestuften, aber mit manchen Weinen ebenfalls vortrefflichen Appellationen *Fronsac* und *Canon-Fronsac* an, weiter zur Gironde hin und an ihr entlang *Côtes de Bourg* und *Côtes de Blaye.* Neben Pomerol liegt das winzige *Lalande-de-Pomerol.*

Diese Gebiete rechts der Garonne und Gironde können für sich in Anspruch nehmen, daß sie schon Wein anbauten, als auf dem linken Ufer im *Médoc,* das heute den obersten Qualitätskern beherbergt, noch keiner wuchs.

Zwischen der Dordogne und der südwestlichen Garonne wächst viel Weißwein im *Entre-deux-Mers.* Die beiden Flüsse sind dort schon mächtig und bekommen viel von den Ebbe- und Flutbewegungen des Atlantik mit. So werden sie seit langem *mers* genannt, eben Meere. Die Appellation Entre-deux-Mers ist von der Fläche her die größte Frankreichs und erzeugt überwiegend trockene Weine, rund 15 Millionen Flaschen im Jahr. Daß diese nicht den großen Ruf ihrer berühmteren Nachbarn genießen, bedeutet nicht Armut. In dieser grünen, hügeligen, von Flüßchen und Bächen durchzogenen Gegend mit kleinen Wäldern finden sich neben alten Kirchen und Abteien (eine der schönsten in La Réole) und befestigten Mühlen aus der Zeit der englisch-französischen Kämpfe viele Weingüter. Es gibt noch einige gut erhaltene *Bastiden* aus der gleichen Zeit, so in Créan und in Cadillac an der Garonne.

Kurz vor dem Zusammenfluß liegt am linken Ufer der Dordogne das wesentlich kleinere *Graves de Vayres,* vor wenigen Jahrzehnten noch Großlieferant süßlicher Weißweine nach Deutschland, seit dem Wandel des deutschen Weingeschmacks zum Trockenen hin ebenfalls *trocken* geworden.

Zur Garonne hin produzieren die *Premiers Côtes de Bordeaux* wieder Roten, kleinere Lagen wie *Loupiac* Weißen, teilweise süßen.

Die Weingegend östlich der Garonne und der Gironde ist landwirtschaftlich viel reizvoller als der Süden und Westen des Bordelais.

Ganz im Süden liegt gleich wieder Berühmtes: die süßen Weißweine von *Barsac, Cérons* und besonders *Sauternes* mit dem weltbekannten Château d'Yquem – Liebhaber halten diese Weine für die größten Weißweine der Welt, während Freunde trockener Weißer dem Bordelais ganz allgemein die Spitzen anderer Weißweingebiete vorziehen, etwa Burgund, das Elsaß und auch deutsche.
Diese hier sind umgeben von der Region *Graves* (hat nichts zu tun mit dem Graves-de-Vayres auf der anderen Seite), die sehr gute Rote und (weniger) Weiße hervorbringt, unter diesen sogar süße, doch sind unter den Weißen nur wenige Erzeuger an der Spitze. Unbestrittener Star für weiß und rot ist *Château Haut-Brion* mitten im besiedelten Pessac am Westrand von Bordeaux (die Appellation, zu der auch andere Produzenten gehören, heißt seit einiger Zeit *Pessac-Léognan* und ragt von Süden und Südwesten in den Großraum Bordeaux hinein).
Château, also Schloß, nennen inzwischen viele Produzenten im Bordelais ihre Weine, obwohl keineswegs alle Anwesen wirklich Schlösser sind – die Skala reicht herunter über eine Art Herrenhaus zu kleinen Häuschen. Aber es kommt ja weniger auf die Gebäude an als auf die dort gebotenen Weine. Die prächtigsten entstanden im 19. und 20. Jahrhundert, als wohlhabende Bürger von Bordeaux die Chancen des Weinbaus nutzten und sich immer größere Schlösser bauten, und sind heute regelrechte Schmuckstücke in der Landschaft. Übrigens sind keineswegs alle dauernd bewohnt – viele dienen der Repräsentation oder sind Verkaufsstation.

Die eindrucksvollen Gebäude können nicht darüber hinwegtäuschen, daß sich die Besitzverhältnisse oft geändert haben und weiter wandeln. Reiner Familienbesitz ist hier krisenanfällig, Versicherungskonzerne und Banken haben sich in der Welt der großen Weine schon lange festgesetzt, aber ihre Besitztümer auch oft wieder abgestoßen. Manche berühmte Châteaux gehören Engländern, Amerikanern, Japanern und Deutschen.

△ Cos d' Estournel

Wenigstens sind die Weine so gut wie vorher, die kapitalkräftigen Unternehmen haben viel investiert. Im Gegensatz zu früher bauen viele Produzenten ihre Rotweine etwas leichter aus, damit sie früher trinkfertig sind, „runder", während die traditionelle Regel war, sie auf enorme Langlebigkeit anzulegen. Mindestens zwanzig Jahre brauche sein Wein bis zum Optimum, erklärte noch vor kurzem der Besitzer des berühmten *Cos d'Estournel.* Die schmeckten in den ersten Jahren dann noch verschlossen, spröde und „grün", eben *vins de garde,* Weine zum Aufheben. Dies gilt und galt für die berühmten alten „klassifizierten" Schlösser; Weine einfacherer Herkunft, eben *Bordeaux* und so weiter, waren und sind stets sehr schnell trinkfertig, halten sich dann aber auch nicht so lange.

Von Bordeaux, entlang dem linken Ufer mit kleinem Abstand von Garonne und Gironde, geht es nun in die Halbinsel Médoc hinein.

Das Médoc ist, wie gesagt, als Weingegend weit jünger als die Lagen östlich, auf dem rechten Ufer von Dordogne und Gironde. Aber arm dran war es schon in der Vorzeit nicht, eher in den letzten Jahrhunderten vor der Trockenlegung vieler Sümpfe und der Aufforstung. Im Norden haben Archäologen nahe der Küste aus einer Reihe von Funden ablesen können, daß die Halbinsel schon vor rund 11 000 Jahren besiedelt war mit Menschen, die Viehherden hatten. Sogar die Spuren von Hirtenhunden wurden gefunden.

Der Streifen entlang dem Fluß ist in der Weinbezeichnung unterteilt in die, sagen wir Großlagen (nicht der offizielle Ausdruck) Haut-Médoc und dann weiter nördlich Médoc, auf für Weinbau sehr günstigem hügeligen Gelände mit kiesigem Boden, durchzogen von Bächen und Flüßchen Richtung Gironde. Davon sind nur etwa 15 000 Hektar Weinfelder (Gesamtfläche der Halbinsel Médoc: 240 000). Mitten in ihnen liegen als verhältnismäßig kleine Einsprengsel die berühmten Lagen, von deren Château-Gewächsen die Liebhaber träumen (und davon, sie bezahlen zu können). Von Süden nach Norden sind das *Margaux, Moulis* und *Listrac* (diese beiden nicht ganz so hoch eingestuft), *Saint Julien, Pauillac* und *Saint-Estèphe.* In diesen Lagen gibt es natürlich auch leichter Erschwingliches, und sowohl Haut-Médoc als auch Médoc bieten Rotweine, die ihre Produzenten nicht so mächtig und langlebig ausbauen, wie es die „Großen" tun, und die daher nicht so teuer zu sein brauchen.

△ Château Pichon-Longueville Baron

Am linken Streifen des Médoc entlang dem Atlantik liegen einige der besten Sandstrände Frankreichs, dazu die beiden prächtigen Seen bei Lacanau und Hourtin-Carcans. Von dort zur Mitte ziehen sich auf sandigem Boden Pinienwälder hin, die das Weingebiet vor den Westwinden des Atlantik schützen, dann heideartige Sandflächen und wenig Landwirtschaft. Im Norden, zur Landspitze Pointe de Graves und der Fähre nach Royan hin, kommt sumpfiges Gelände und Viehzucht.

Die Weine des Médoc haben eine Hierarchie, die 1855 festgelegt wurde. Basis waren die Preise, die sie in Bordeaux erzielten, und die immer noch weitgehend dem Geschmackswert entsprechen. Die Liste ist nur einmal ergänzt worden, zugunsten eines einzigen Château, das von der zweiten in die erste Gruppe befördert wurde: *Mouton Rothschild.*

Von Anfang an war ein Gewächs in dieser Spitzengruppe, das nicht aus dem Médoc stammt, sondern aus der Graves-Zone südlich Bordeaux, heute *Pessac-Léognan:* Château Haut-Brion.

Wesentlich später entstand auch eine Klassifizierung des Saint-Emilion, die (theoretisch) alle zehn Jahre überprüft wird. Die Weingüter müssen sich jedesmal von Neuem einer Verkostung stellen. Die letzte Liste stammt von 1996, also könnte sich die Rangfolge im Jahr 2006 wieder ändern.

Wir drucken diese Ranglisten, denn sie helfen sehr beim Kauf und zur Vermeidung von Verwechslungen, wenn manche Namen auf den Etiketten kleinerer Weine denen klassifizierter ähneln und den Eindruck erwecken, hier winke ein sensationelles „Schnäppchen". Außerdem vermerken nicht alle Châteaux ihren genauen Status auf dem Etikett, meist, weil sie sich für berühmt genug halten, und sind also noch leichter zu verwechseln. Viele, die nicht in der obersten Gruppe sind, vermerken nur *cru classé.*

DIE WICHTIGSTEN CRUS IM BORDELAIS

Folgende Châteaus sind auf Seite 38 und 39 abgebildet:
Seite 38 oben Château Latour   unten Château Pichon-Longueville Comtesse de Lalande
Seite 39 oben Château Lafite-Rothschild; unten Château Palmer, Keller

HAUT MÉDOC

Klassifizierung von 1855, ergänzt 1973

PREMIERS CRUS CLASSÉS

1. Hochgewächse

Château Lafite-Rothschild	Pauillac
Château Margaux	Margaux
Château Latour	Pauillac
Château Haut-Brion	Pessac-Léognan (Graves)
Château Mouton-Rothschild	Pauillac (seit 21.6.1973)

SECONDS CRUS CLASSÉS

2. Hochgewächse

Mouton-Rothschild	bis 1972
Rausan-Ségla	Margaux
Rauzan-Gassies	Margaux
Léoville-Las-Cases	Saint-Julien
Léoville Poyferré	Saint Julien
Léoville-Barton	Saint-Julien
Durfort-Vivens	Margaux
Gruaud-Larose	Saint-Julien
Lascombes	Margaux
Brane-Cantenac	Margaux
Pichon Longueville-Baron	Pauillac
Pichon-Longueville Comtesse de Lalande	Pauillac
Ducru-Beaucaillou	Saint-Julien
Cos-d'Estournel	Saint-Estèphe
Montrose	Saint Estèphe

TROISIÈMES CRUS CLASSÉS

3. Hochgewächse

Kirwan	Margaux
d'Issan	Margaux
Lagrange	Saint-Julien
Langoa-Barton	Saint-Julien
Giscours	Labarde-Margaux
Malescot-Saint-Exupéry	Margaux
Boyd-Cantenac	Margaux
Palmer	Margaux
La Lagune	Ludon
Desmirail	Margaux
Cantenac-Brown	Margaux
Calon-Ségur	Saint-Estèphe
Ferrière	Margaux
Marquis d'Alesme-Becker	Margaux

▽ Madame May-Eliane de Lencquesaing von Château Pichon-Longueville Comtesse de Lalande

QUATRIÈMES CRUS CLASSÉS

4. Hochgewächse

Saint-Pierre-Bontemps	Saint-Julien
Talbot	Saint-Julien
Branaire-Ducru	Saint-Julien
Duhart-Milon	Pauillac
Pouget	Margaux
La Tour-Carnet	Margaux
Lafon-Rochet	Saint-Estèphe
Beychevelle	Saint-Julien
Prieuré-Lichine	Margaux
Marquis-de-Terme	Margaux

CINQUIÈMES CRUS CLASSÉS

5. Hochgewächse

Pontet-Canet	Pauillac
Batailley	Pauillac
Haut-Batailley	Pauillac
Grand-Puy-Lacoste	Pauillac
Grand-Puy-Ducasse	Pauillac
Lynch-Bages	Pauillac
Lynch-Moussas	Pauillac
Dauzac	Labarde-Margaux
Mouton Baronne Philippe (hieß bis 1956 Mouton d'Armailhacq)	Pauillac
du Tertre	Arsac-Margaux
Haut-Bages-Liberal	Pauillac
Pédesclaux	Pauillac
Belgrave	Saint-Laurent
de Camensac	Saint-Laurent
Cos-Labory	Saint-Estèphe
Clerc-Milon-Mondon	Pauillac
Croizet-Bages	Pauillac
Cantemerle	Macau

SAUTERNES-BARSAC

Weißweine (nicht trockene), Offizielle Klassifizierung der Châteaux von 1855:

PREMIER GRAND CRU

Château d'Yquem

PREMIERS CRUS

Guiraud – La Tour Blanche – Lafaurie-Péraguey – Rayne-Vigneau – Sigalas-Rabaud – Rabaud-Promis – Clos Haut-Peyraguey – Coutet – Climens
Suduiraut – Rieussec

SECONDS CRUS

d'Arche – d'Arche-Lafaurie – Filhot
Lamothe – Doisy-Védrines – Doisy-Daëne
Doisy-Dubroca – Suau – Broustet
Caillou – Nairac – de Malle – Romer-du-Hayot

GRAVES

Klassifizierung von 1959 (nicht unterteilt, also einfach *Château XYZ, Graves classé,* und nicht als Rangordnung gemeint)

Rotwein: Haut-Brion (Pessac)
Bouscaut (Cadaujac)
Carbonnieux (Léognan) – de Chevalier (Léognan) – de Fieuzal (Léognan)
Haut-Bailly (Léognan)
La Mission-Haut-Brion (Pessac)
La Tour-Haut-Brion (Talence)
La Tour-Martillac (Martillac)
Malartic-Lagravière (Léognan)
Olivier (Léognan) – Pape Clément (Pessac)
Smith-Haut-Lafitte (Martillac)

Weißwein: Bouscaut – Carbonnieux de Chevalier – Couhins – La Tour-Martillac – Laville-Haut-Brion – Malartic-Lagravière – Olivier

△ Château Palmer, Keller

Mit diesen Elitelisten ist die Hierarchie des Médoc und seines Südrandes nicht erschöpft. Eine nächste hervorgehobene Gruppe sind die *Crus Bourgeois,* deren Rangliste vom Syndikat dieser Produzenten aufgestellt und im 20. Jahrhundert mehrfach verändert wurde. Allerdings verbieten EU-Vorschriften Zusätze wie *exceptionnel,* und die Regierung in Paris hat die Liste ohnehin nie anerkannt. Nichtsdestoweniger gibt sie die ziemlich allgemeine Einschätzung durch die Fachleute der Gegend wieder, so daß sie durchaus Wert für die Kundschaft hat.

Freilich hing die Aufnahme von der Mitgliedschaft im Syndikat ab, und eine ganze Anzahl von anderen Produzenten im Médoc sind denen auf der Liste durchaus ebenbürtig. Es gibt sogar nicht wenige, die mit Châteaux der Grand-Cru-Liste von 1855 mithalten können und entsprechend angesehen sind, ebenso wie manche *bourgeois* in manchen Jahren oder regelmäßig manchen der *grands crus* überlegen sind.

CRUS BOURGEOIS

Letzte Klassifizierung von 1978

CRUS GRANDS BOURGEOIS EXCEPTIONNELS

Muß im Bereich der Grands Crus liegen; Abfüllung auf dem Weingut obligatorisch.

d'Agassac	Ludon
Andron-Blanquet	Saint-Estèphe
Beau-Site	Saint-Estèphe
Capbern Gasqueton	Saint-Estèphe
Caronne-Sainte Gemme	Saint Laurent
Chasse-Spleen	Moulis
Cissac	Cissac
Citran	Avensan
Le Crock	Saint-Estèphe
Dutruch-Grand-Poujeaux	Moulis
Fourcas-Dupré	Listrac
Fourcas-Hosten	Listrac
du Glana	Saint-Julien
Haut-Marbuzet	Saint-Estèphe
de Marbuzet	Saint-Estèphe
Meyney	Saint-Estèphe
Phélan Ségur	Saint Estèphe
Poujeaux	Moulis

CRUS GRANDS BOURGEOIS

Beaumont	Cussac
Bel-Orme	St. Seurin de Cadourne
Brillette	Moulis
La Cardonne	Blaignan
Colombier-Monpelou	Pauillac
Coufran	St. Seurin de Cadourne
Coutelin-Merville	Saint-Estèphe
Duplessis-Hauchecorne	Moulis
La Fleur Milon	Pauillac

CRUS GRANDS Fortsetzung

Fontesteau	St. Sauveur
Greysac	Bégadan
Hanteillan	Cissac
Lafon	Listrac
de Lamarque	Lamarque
Lamothe-Cissac	Cissac
Larose-Trintaudon	Saint Laurent
Laujac	Bégadan
Liversan	St. Sauveur
Loudenne	St.Yzans-de-M.
Mac-Carthy	Saint-Estèphe
de Malleret	Le Pian
Martinens	Margaux
Le Meynieu	Vertheuil
Morin	Saint-Estèphe
Moulin à Vent	Moulis
Les Ormes-de-Pez	Saint-Estèphe
Les Ormes-Sorbet	Couquèques
Patache d'Aux	Bégadan
Paveil de Luze	Soussans
Peyrabon	St. Sauveur
Pontoise Cabarrus	St. Seurin de C.
Potensac	Potensac
Reysson	Vertheuil
Ségur	Parempuyre
Sigognac	St.Yzans-de-M.
Sociando-Mallet	St. Seurin-de-C.
de Taillan	Le Taillan
La Tour de By	Bégadan
La Tour du Haut-Moulin	Cussac
Verdignan	St. Seurin de C.

CRUS BOURGEOIS

Aney	Cussac
Balac	St. Laurent
La Bécade	Listrac
Bellerive	Valeyrac
Bellerose	Pauillac
Les Bertins	Bégadan
Bonneau	St. Seurin-de-Cadourne
Le Bosq	St. Christoly
du Breuil	Cissac
La Bridane	Saint-Julien
de By	Bégadan
Cailloux de By	Bégadan

Cap Léon Veyrin	Listrac
Carcanieux	Queyrac
Chambert	Saint-Estèphe
La Clare	Saint-Estèphe
Clarke	Listrac
La Closerie	Moulis
de Conques	St. Christoly
Duplessis-Fabre	Moulis
Fonpiqueyre	St. Sauveur
Fonréaud	Listrac
Fort de Vauban	Cussac
La France	Blaignan
Gallais-Bellevue	Potensac
Grand Duroc-Moulin	Pauillac
Grand Moulin	St. Seurin-de-Cadourne
Haut-Bages-Monpelou	Pauillac
Haut-Canteloup	Couquèques
Haut-Garin	Bégadan
Haut-Padargnac	Pauillac
Houbanon	Prignac
Hourton-Ducasse	St. Sauveur
de Labat	St. Laurent
Lamothe Bergeron	Cussac
Le Landat	Cissac
Larivière	Blaignan
Lartigue de Brochon	St. Seurin-de-Cadourne
Lassalle	Potensac
Lestage	Listrac
Mac-Carthy-Moula	Saint-Estèphe
Monthil	Bégadan
Moulin de la Roque	Bégadan
Moulin Rouge	Cussac
Panigon	Civrac
Pibran	Pauillac
Plantey de la Croix	St. Seurin-de-Cadourne
Pontet	Blaignan
Puy-Castéra	Cissac
Ramage-la-Batisse	St. Sauveur
Romefort	Cussac
La Roque de By	Bégadan
de la Rose Maréchale	St. Seurin de C.
Saint-Bonnet	St. Christoly
Saint-Roch	Saint Estèphe
Saransot	Listrac
Soudars	Avensac
Tayac	Soussans
La Tour Blanche	St. Christoly
La Tour Haut-Caussan	Blaignan
La Tour du Mirail	Cissac
La Tour Saint-Bonnet	St. Christoly
La Tour Saint-Joseph	Cissac
Des Tourelles	Blaignan
La Valière	St. Christoly
Vernous	Lesparre
Vieux Robin	Bégadan

SAINT-ÉMILION

Offizielle Klassifizierung von 1996

PREMIERS GRANDS CRUS CLASSÉS

Classif. A: Ausone
Cheval Blanc
Classif. B: Angélus
Beau-Séjour Bécot
Beau-Séjour (Hér. Duffau-Lagarosse)
Belair
Canon
Figeac
La Gaffelière
Magdelaine
Pavie
Trottevieille
Clos Fourtet

▽ Marie-France und Thierry Manoncourt von Château Figeac

ST. ÉMILION GRANDS CRUS CLASSÉS

L'Arrosée – Balestard la Tonnelle
Bellevue – Bergat – Berliquet
Cadet Bon – Cadet-Piola
Canon la Gaffelière – Cap de Mourlin
Chauvin – Corbin – Corbin-Michotte
Curé Bon – Dassault
Faurie de Souchard – Fonplégade
Fonroque – Franc Mayne
Grand Mayne – Grand Pontet
Grandes Murailles – Guadet Saint-Julien
Haut Corbin – Haut Scarpe
La Clotte – La Clusière – La Couspaude
La Dominique – Lamarzelle – Laniote
Larcis Ducasse – Larmande – Laroque
Laroze – Matras – Moulin du Cadet
Pavie Decesse – Pavie Macquin
Petit Faurie de Soutard – Le Prieuré
Ripeau – Saint-Georges Côte Pavie
La Serre – Soutard
La Tour du Pin Figeac (Giraud-Bélivier)
La Tour du Pin Figeac (J.M.Moueix)
La Tour Figeac – Tertre Daugay
Troplong-Mondot – Villemaurine
Yon Figeac – und die „Clos" des Jacobins de l'Oratoire – Saint-Martin und Couvent des Jacobins

Diese Châteaux liegen bei oder in der nahen Umgebung von Saint-Emilion und sind wegen der guten Ausschilderung leicht zu finden.

POMEROL

Die kleine, feine Gegend Pomerol, deren Weine nie klassifiziert wurden, ist im allgemeinen den klassifizierten Lagen von Saint-Emilion, den guten Crus Bourgeois des Médoc und noch höher eingestuften ebenbürtig. Handel und Fachleute setzen einige von ihnen mit noch wesentlich höher eingestuften der anderen Appellationen gleich.
Ebenbürtig den 1. Hochgewächsen des Médoc und den 1. A von Saint-Emilion, erzielt oft höhere Preise als diese:
Château Pétrus

Halten mit den 2. Hochgewächsen des Médoc mit und mit manchen ersten von Saint-Emilion:
La Conseillante – l'Evangile
La Fleur-Pétrus – Trotanoy
Vieux Château Certan

Ebenbürtig den anderen Hochgewächsen des Médoc und den Grands Crus Classés von Saint-Emilion:
Bon Pasteur – Certan-Giraud
Clinet La Croix – de Sales – Gazin
Lafleur – Latour-Pomerol
La Croix du Casse – Lagrange
La Grave-Trintignant-de-Bosset
l'Eglise-Clinet – l'Enclos – Le Gay
Nenin – Petit-Village

Ein Platz in diesen Ranglisten heißt natürlich, daß das Gut sich berechtigt fühlt, seine Weine teurer anzubieten als nicht klassifizierte oder minder eingestufte.Hier noch einige andere, in den offiziellen Ranglisten nach Meinung vieler Fachleute zu Unrecht übergangene Châteaux:

d'Angludet	Cantenac, Margaux
Bonnet	Grezillac, Entre-deux-Mers
Canon	St.Michel de Fronsac, Canon-Fronsac
de Chantegrive	Podensac, Graves
de Cruzeau	Léognan, Graves
Haut-Gardère	Léognan, Graves
Gloria	St.Julien
Junayme	Fronsac
Labégorce-Margaux	Margaux
La Louvière	Léognan, Graves
Lanessan	Cussac-Fort-Médoc, Margaux
Larrivet-Haut-Brion	Léognan, Graves
La Rivière	Fronsac
Malescasse	Lamarque
Maucaillou	Moulis
Picque Caillou	Mérignac, Graves
de Rochemorin	Léognan, Graves
Siran	Labarde, Margaux
Vray Canon Boyer	St. Michel de Fronsac, Canon-Fronsac

Verwirrung ist durchaus möglich und verständlich, wenn wir bedenken, daß die Bezeichnung *grand cru* im Saint-Emilion einen hierarchischen Wert hat (siehe Tabelle), im Médoc aber nicht. Wenn es auf dem Etikett steht, bedeutet es außer bei Saint-Emilion nicht, daß der Wein einen höheren Rang, also eine größere Qualität hätte als ein anderer ohne diesen Zusatz. In der Natur der Dinge liegt es, daß die Weine der klassifizierten Güter nicht immer so ausfallen, wie sie der Hierarchie entsprechend müßten. Fast alle Châteaux sind schon einmal länger oder kürzer unter der erwarteten Leistung geblieben, auch die besten. Anderseits leisten manche Produzenten beharrlich Besseres als die über ihnen eingestuften. Das spricht sich natürlich herum und wirkt sich auch in den Preisen aus, die sie für ihre Weine erzielen, ohne daß sich ihr Platz ändern würde – außer im Saint-Emilion wegen der alle zehn Jahre fälligen Überprüfung der Einstufungen.

Ein paar instruktive Flaschenpreise von 1998 aus dem europäischen Importhandel – wegen der Preissteigerungen im Bordelais selbst haben sich die meisten Importeure vorbehalten, ihre Preise zu erhöhen.

BIENVENUE

Importpreise für den Jahrgang 1994:

Mouton-Rothschild	1. Cru Classé, DM 287.50 / SFR 148.– bzw. 179.–
La Conseillante	Pomerol, DM 113.– / SFR 74.–
Pichon-Longueville Comtesse	2.Cru Classé, DM 112.– / SFR 66.50 bzw. 76.50
Talbot	4.Cru Classé, DM 89.70 / SFR 42.–
Phélan-Ségur	Grand Cru Bourgeois Exceptionnel, DM 52.90 / SFR 34.– (1995)
Maucaillou	DM 27.60 / SFR –

Von den einfacheren Bordeaux gab es viele zu Flaschenpreisen unter DM 20.–.
In den Geschäften sind die Weine natürlich wegen deren Handelsspanne teurer. Maucaillou fand ich beispielsweise bei DM 49.–.

◁◁ Château La Rivière

Die Hauptstadt für solche Weine und einige mehr ist Bordeaux, seit langem im Weinhandel weit größer als der mittelalterliche Rivale Köln, aber in der Einwohnerzahl unterlegen. Dort leben knapp 700 000 Menschen. Doch auch Kölner würden zugeben, daß Bordeaux eine der prächtigsten Großstädte Europas ist. Es liegt entlang der Garonne, der nicht ganz vergangene Reichtum (es war auch Frankreichs führender Sklavereihafen) zeigt sich überall in der Stadt. Da sind die breiten Alleen und Avenues, manchmal *Cours* genannt, mit ihren Prachtgebäuden, die großen Parks und Plätze; der größte, *Esplanade des Quinconces,* ist leider in einen Riesenparkplatz verwandelt. Die ganze Altstadt ist allmählich wieder restauriert und verschönt. Da gibt es elegante Geschäfte, das monumentale und berühmte Theater, das geradezu pompöse Rathaus und die ebenbürtige Börse; moderne Viertel zeigen eine eindrucksvoll weniger gelungene Architektur. Schließlich sind gegenüber dem Hafen im *Quartier des Chartrons* die kleinen und großen Anlagen des Weinhandels.
Bordeaux ist eine lebendige Stadt, die man aber, falls man nicht selbst Wein- oder Spirituosenhandel betreibt, alle zwei Jahre im Juni etwa zehn Tage lang meiden muß. Dann findet in den Ausstellungsgebäuden entlang dem künstlichen See am Stadtrand (Bordeaux Le Lac) die Welt-Weinmesse *VINEXPO* statt, und dann sind nicht nur in Bordeaux selbst, sondern in riesigem Umkreis, bis zu hundert Kilometern, alle Hotelzimmer für die Messe blockiert. Also fahre man in dieser Zeit auch besser nicht in die Umgebung, wenn man nicht bei Bekannten Unterkunft findet.
Besonders gut sortierte Weinläden sind in einer solchen Stadt selbstverständlich; die meisten sind im Stadtzentrum nahe dem großen Theater.

Nur auf den ersten Blick verblüfft, daß sich hier auch Frankreichs größtes Champagnergeschäft befindet (Badie, Allées de Tourny) – hier leben viele, nicht nur durch Weinhandel reiche Leute. In der Gegend ist ja auch Chemie, Elektronik und Luftfahrt ansässig.
Mit und zu so viel Wein muß auch gut gegessen werden, und das ist in Bordeaux kein Problem. Ein halbes Dutzend Lokale wird von den Restaurant-Führern gepriesen, dazu kommen einige Dutzend auch sehr ordentliche, abgesehen von einer Fülle von exotischen, und die typischen Spezialitäten gelingen auch den kleineren und weniger bekannten gut. Unter den berühmteren hat unsere besondere Vorliebe *Jean Ramet,* der hervorragend mit Fisch, Austern (warm im Blätterteig) und Lamm umgehen kann.
Aber Bordeaux gehört ja zu den Städten, in denen man zwischen vielen Restaurantterrassen an Straßen oder auf Plätzen wählen kann, und für manche davon könnte man glatt in Kauf nehmen, daß die Küche noch nicht ganz an der Spitze ist. Um den *Place du Parlament* herum in der Altstadt, in den kleinen Sträßchen zwischen der *Porte Dijeaux* am *Place Gambetta* und dem Fluß gibt es viele ergötzliche Möglichkeiten. Etwas gehobener, aber ohne Außenterrasse, ist das *Gravelier,* wo man freilich aufpassen muß, nicht im Blitztempo essen zu müssen. Im *Tupina* gibt es typische Süd-West-Küche.
Seltsamerweise ist die große oder die wenigstens weit über den Durchschnitt herausragende Gastronomie im Umland gar nicht so gut entwickelt, wie es die zahlreichen Spitzenweine nahelegen würden. Die vielen Weingutbesitzer könnten sie sich natürlich bequem leisten, aber sie veranstalten Bewirtungen und große Abende meist bei sich im *Château,* wofür ihnen spezialisierte *traiteurs* das Essen und alles Nötige (oft bis zur Möblierung) liefern. Damit wird die örtlich ansässige Gastronomie arg gebremst, und so haben nicht nur das Médoc, sondern auch das *Libournais* und das Umland im Süden nur wenige erstklassige Lokale zu bieten.
Wir halten für das beste das *Château Layauga* in Gaillan-Médoc, ein paar Kilometer nördlich Lesparre-Médoc an der N 215 Richtung Le Verdon. Der *Michelin* zieht das luxuriösere *Château Cordeillan Bages* nahe Pauillac vor, das ein wesentlich aufwendigeres Hotel ist und entsprechend teuer. Wir bevorzugen die Küche des Layauga, der Hotelkomfort ist im Cordeillan Bages größer – freilich sind hier viele Zimmer zur Straße hin, trotz ziemlichen Abstandes, sehr beeinträchtigt durch Autolärm, nicht weniger als die von Layauga.

Layauga betreibt und bekocht *Philippe Jorand,* der sich in den achtziger Jahren in Deutschland durch sein sensationall gutes *Kleines Restaurant im Oerschen Hof* in Münster bekannt gemacht hatte. Nach Frankreich zurückgekehrt, hatte er es schwer bei den eingesessenen Vertretern der Restaurantführer, die ihm teilweise jede Anerkennung versagten, doch eine Anzahl renommierter Châteaux, denen er als Traiteur ihre Menus liefert, sind treue Kunden geworden.

Jorand ist mittlerweile selbst unter die Weinproduzenten gegangen. Seit dem Jahrgang 1994 gibt es roten Château Layauga, Appellation Médoc, ein ausgezeichneter, nicht zu schwerer Bordeaux, der angenehm schnell trinkfertig ist, sich aber natürlich weiter entwickelt. Wir kosteten im Frühjahr 1998 den Jahrgang 1995 – da war er schon sehr gut.

Zu den Spezialitäten des Gebietes gehören natürlich außer den Weinen wegen des umgebenden Meeres Austern, Krustentiere und Fische von der Küstennähe oder von Hochsee, wegen der zahlreichen Flüsse deren Fische wie besonders Forelle, Lamproie (Neunauge), Alose (Maifisch) und Aal. Die neuere kulinarische Erfreulichkeit, Stör, also auch Kaviar aus der Gironde, ist für Feinschmecker allerorten besonders erbauliche Kunde.

In der Gironde schwammen zwar schon vor langer Zeit Störe, ebenso wie in der Garonne und Dordogne und anderen europäischen Flüssen. Der Stör war im Mittelalter der Fisch für die Tafel der Könige. Aber in naher Vergangenheit haben Überfischung, Flußbegradigungen, Staustufen ihn im Westen fast ganz aussterben lassen. Lieferanten waren schließlich nur Persien und die ex-sowjetischen Anrainer des Kaspischen Meeres, deren Raubbau die Bestände stark dezimiert hat und weiter schrumpfen läßt. In den siebziger Jahren brachte Frankreich ein Tauschgeschäft mit der damaligen Sowjetunion zustande. Die Sowjets wollten sich an der Züchtung des Mittelmeerbarschs (Bar) versuchen und baten die Franzosen um Schlüpflinge. Die Franzosen wiederum hätten gern Störbabies gehabt; sie bekamen sie. Der zuständigen französischen Stelle für Landwirtschaft, Wasser und Forsten (CEMAGREF) gelang, sie aufzuziehen und zur Fortpflanzung zu bringen, ebenso wie dem Forellenzüchter Jacques Carré, dem die Behörde sicherheitshalber einen Teil abgegeben hatte, da er über besonders günstiges Gewässer verfügte.

So war der Grundstein für eine vielversprechende Aufzucht gelegt, und sobald die ersten Störe alt genug waren, entstand auch Kaviar. Andere Züchter und Produzenten stiegen ebenfalls in das Geschäft ein. Den Stör der Gironde gibt es schon in guten Lokalen des Südwestens, und den *Caviar de Gironde* ebenfalls. Wir haben beide gekostet: sie sind denen aus dem Osten ebenbürtig – und (vorläufig) billiger. Man kann sie auch schon als Privatkunde bei den Produzenten kaufen – solange der Vorrat des jeweiligen Jahres reicht. Kaviar wird nur zweimal im Jahr hergestellt, März/April und November/Dezember. Er stammt von mindestens siebenjährigen Störweibchen.

In den Zuchtbetrieben kann man auch Filets von geräuchertem Stör kaufen, jene seit Jahrzehnten fast verschwundene Delikatesse, die früher, dem Räucherlachs ebenbürtig, die Vorspeisenbuffets russischer Restaurants zierte.

△ Monsieur Jacques Carré
▽ Störe der Gironde

An der Versorgung der Region mit Wassergetier ist weitgehend das Bassin von Arcachon beteiligt, etwa 70 Kilometer südwestlich und schnell über die Autobahn zu erreichen. Um das Bassin herum sind Fischreservoire und kleine Häfen der Austernzüchter installiert. Die Austern des Bekkens haben wegen der Umweltbelastung des Bassins etwas an Ansehen verloren. Da es durch die Landzunge von Cap Ferret bis auf einen kleinen Streifen vom Atlantik abgeschlossen ist, haben Bade-Urlauber in den kleinen Küstendörfern nicht unter zu hohem Wellengang zu leiden. Aber den Zuchten täte mehr Frische des Wassers gut. Manchmal schmecken Arcachon-Austern nach Schlamm. So leiden die des Beckens unter Konkurrenz von Marennes und Oléron weiter im Norden und der Bretonen sehr stark, was nicht heißt, daß es hier gar keine guten Austern mehr gäbe. Arcachon selbst beherbergt ein Museum der Austernzucht.
Der Ort ist geteilt in ein strandnahes Sommerstädtchen, das in der Feriensaison arg voll ist, und einen ruhigeren „Winterort". Nach wie vor bietet Arcachon in seinen Lokalen ein stattliches Angebot an Meeresgetier, Austern von nah und fern inklusive, ganz zu schweigen von wohlschmeckenden Meereskrebsen, *tourteaux* und anderen. Unser (und anderer Leute) Lieblingslokal war *Chez Yvette,* nicht weit von der Post.

Yvette ist, wie der *Bottin Gourmand* mit Recht sagt, seit 1962 ein sicherer, solider Wert für frischen Fisch, Schalen- und Krustentiere nach Tagesangebot. Wir kennen es seit mehr als zwanzig Jahren und haben in dieser Zeit auch Schwächen erlebt, nicht bei den Plateaux de fruits de mer, sondern bei Fischgerichten. Doch wenn wir wieder in die Gegend kommen, ist es unsere erste Wahl.

Zu den Austern wird bei *Yvette* ein Teller mit kleinen Bratwürstchen serviert. Das ist kein Gruß an deutsche Touristen, sondern alte Sitte hier an der Küste: die fetten Würste helfen, die Eiweißbomben zu verdauen. Kleine Lammbuletten tun dieselbe Wirkung und schmecken auch sehr gut.

Die Küste von Arcachon nach Süden ist schon der Übergang zu den Badeorten der *Landes* mit ihrem Hinterland der gewaltigen Pinienwälder.

Das angesehenste Lokal im Süden des Departements (es gehört nicht mehr zum *Bordelais,* sondern eben zur *Gironde*) liegt etwa 50 Kilometer südöstlich Bordeaux an der Autobahn nach Agen und Toulouse: *Claude Darroze* in Langon. Die Darroze sind ein Klan, dessen Name im Südwesten gleich drei Hotelrestaurants tragen. Der Begründer hinterließ nicht nur großen, verpflichtenden gastronomischen Ruf, sondern er war auch ein berühmter Armagnac-Liebhaber und -Spezialist. Davon könnte man hier aus einem reichen Angebot profitieren.

Die Landwirtschaft im Departement Gironde liefert gutes Rind, das *Boeuf de Bazas,* und Salzwiesenlämmer aus Pauillac, die noch mehr gepriesen werden als die aus der Bretagne; und an Gemüse Artischocken und Spargel.

Die Fischer und Bauern sind stolz auf ihre Produkte und veranstalten lustige und pittoreske Feste. So gibt es eine Rindermesse *(Promenade des boeufs gras)* in Bazas, etwa 60 Kilometer südlich von Bordeaux, ein Fest für das Neunauge *(Fête de Lamproie)* in Sainte-Terre und eines für den Maifisch (Fête de l'alose) in Lormont am Ostufer der Garonne am Rand von Bordeaux, ein Wildtaubenfest in Bazas und Messen für Gastronomie und einheimische Produkte.

TOURIN BLANCHI
KNOBLAUCHSUPPE

2 Zwiebeln
1 Knolle Knoblauch, Gänsefett, 4 Eier
2 EL Weinessig, 1 Kräutersträußchen
Salz und Pfeffer

Zwiebeln schälen, hacken und in Gänsefett anschwitzen, Knoblauch hacken, zufügen, eine Minute anbraten. Dann 1 Liter Wasser zugießen, Kräutersträußchen, Salz und Pfeffer. 20 Minuten köcheln lassen.
Eier aufschlagen, Eiweiß in die Suppe gleiten lassen, noch 10 Minuten weiterköcheln. Vom Feuer nehmen.
Eigelb mit Essig verrühren, einen Löffel Suppe hinzurühren, und die Suppe damit binden.
Je eine Scheibe Bauernbrot in Suppenteller legen, die Suppe darübergießen und servieren.

SAUCE BORDELAISE
SAUCE NACH ART VON BORDEAUX

Zutaten für 4–6 Personen:
1 große oder 2 kleine Schalotten,
4 bis 6 Markknochen, etwas Butter
2 Gläser roter Bordeaux (nehmen Sie den,
den Sie nachher zum Essen trinken)
ebensoviel Rinderfond und ebensoviel
Kochwasser der Marknochen
etwas Butter, Salz, Pfeffer, Thymian

Markknochen gar kochen (ca. 15 Minuten), erkalten lassen. Schalotten kleinhacken, in etwas Butter golden werden lassen, mit Wein, Fond und Kochwasser angießen, würzen (Vorsicht! Fond ist schon salzig), langsam vor sich hin köcheln lassen, bis die Flüssigkeit auf etwas mehr als die Hälfte reduziert ist. Mark aus den Knochen lösen, kleinschneiden, unterrühren.
Diese Sauce ist durch das Mark sehr reich und gehaltvoll; hüten Sie sich deshalb, am Schluß noch 100 Gramm Butter einzuarbeiten, wie es ältere Rezepte verlangen.
Meist wird sie zu einem Zwischenrippenstück serviert, daß über trockenem Rebholz gegrillt wird (Entrecôte à la bordelaise).

▽ Château
St. Georges

ANGUILLE PERSILLADE
AAL IN PERSILLADE

1 kg frische möglichst kleine Aale
6 Knoblauchzehen
6 Zweige glatte Petersilie, Öl, Mehl

Aale abtrocknen, in Stücke von 5 bis 6 cm Länge schneiden, mehlen, in Öl von jeder Seite 3 Minuten braten (die Pfanne muß groß genug sein, daß sie nicht übereinanderliegen).
Knoblauch und Petersilie fein hacken, in die Pfanne geben, Aal gut damit vermischen und noch 3 Minuten weiterbraten.

CIVET DE LIÈVRE À LA BORDELAISE
HASENRÜCKEN À LA BORDELAISE

1 Hasenrücken, küchenfertig vorbereitet
1 Zwiebel, 1 Schalotte, 1 Karotte
1 Stange Sellerie, 2 Knoblauchzehen
3 Gläser roter Bordeaux
eine Handvoll Kräuter
(Thymian, Petersilie, Salbei, Minze)
Olivenöl

Hasenrücken mit Olivenöl einreiben, in eine tiefe Schüssel legen, mit kleingeschnittenen Gemüsen bedecken. Wein und Kräuter aufkochen lassen, abkühlen, lauwarm über den Hasenrücken gießen. Einen Tag im Kühlen marinieren lassen.

Hasenrücken mit Küchenpapier abtrocknen, Marinade durch ein Haarsieb gießen. Rücken mit der Marinade angießen, in den sehr heißen Backofen schieben (ca. 250 Grad C), nach 5 Minuten auf 180 Grad C herunterschalten. Noch ca. 25 Minuten braten, dabei oft begießen.

5 Minuten im ausgeschalteten Ofen warmstellen, währenddessen die Bratflüssigkeit zu einer Sauce einkochen.

Mit heißen Maronen servieren.

CRÈME AU SAUTERNES
WEINCREME MIT SAUTERNES

6 Eier
20 cl Sauternes, 100 g Zucker
Messerspitze Salz

Eiweiß und -gelb trennen. Eigelb und Zucker mit dem Schneebesen verrühren, den Wein nach und nach hineinrühren. Im Wasserbad erhitzen, ständig rühren, bis die Creme fest wird. Eiweiß mit Salz zu Eischnee schlagen, vorsichtig unter die Creme heben. Sehr kalt servieren.

ZO-EL MAREE
FLIPPER
PORTU

BASKENLAND

△ Ciboure
◁ St. Jean-de-Luz

Bei vielen Paaren und Familien gibt es den alljährlichen Urlaubsstreit, wohin denn nun gefahren wird: in die Berge oder an die See. Ein überflüssiger Streit – es gibt ja das Baskenland, mit dem tosenden Atlantik und seiner Steilküste, die sich hin und wieder zu sandigen ruhigen Badebuchten absenkt, dahinter die grünen Hügel mit den behäbigen Fachwerk-Bauernhäusern, und dann das Hochgebirge samt seinen Skigebieten. Manchmal ist oben noch Skisaison, während unten die ersten Mutigen schon zum Baden ins Wasser steigen – die Surfer in ihren Gummianzügen scheren sich ohnehin nicht um Jahreszeiten und sind auch im Januar im Wasser. Und dazu gibt es eine Küche, die an Vielfalt nichts zu wünschen übrig läßt, denn hier vereinigen sich die Schätze von Meer und Land. Zu wünschen übrig läßt allenfalls die Verständlichkeit der Speisekarten, denn was soll sich auch ein gut französisch sprechender Reisender unter Ttoro, Tripotxa oder Axoa vorstellen? Das erste ist eine Fischsuppe, das zweite eine Wurst, das dritte ein Ragout und alles zusammen ist Baskisch – eine der ältesten europäischen Sprachen.

Die Basken sind stolz darauf, daß es DIE älteste Sprache ist und sie das älteste Volk in Europa sind. Als ein französischer Adliger von einem baskischen Bürgermeister etwas mehr Respekt verlangte, und dabei auf seinen 400 Jahre alten Stammbaum hinwies, antwortete der nur: „So wenige Jahrhunderte zählen wir erst gar nicht." Viel spricht dafür, daß er recht hatte. Warum zum Beispiel hat das Baskische in seinen Worten für Schneidewerkzeuge immer den Stamm *aiz* (Stein)? Aizkora heißt die Axt und Aiztoa das Messer. Stammen diese Worte aus der Steinzeit, als es noch nichts anderes als Steine zum Schneiden gab? Siedeln die Basken so lange schon in dieser Gegend? Die anderen Europäer wanderten viel später ein und brachten ihre Sprache mit. Das Baskische fasziniert Linguisten, weil es so wenig Ähnlichkeit mit einer anderen europäischen Sprache hat; allenfalls die grammatische Struktur ähnelt ein wenig altsibirischen und Eskimo-Sprachen.

Die Baskenmütze hat zwar längst ganz Frankreich erobert, aber die Zentralregierung in Paris erlaubte lange nicht, daß die Basken ihre eigene Sprache auch offiziell benutzten – in Schulen, auf Straßenschildern. Aus Protest dagegen waren die Ortsnamen auf den Wegweisern regelmäßig mit schwarzer Farbe übersprüht. Die Einheimischen fanden sich ja zurecht. Diese Politik hat sich seit den 80er Jahren geändert, es gibt baskische Schulen, und am Ortseingang von St.-Jean-de-Luz zum Beispiel liest man unter dem französichen Namen *Donibane Lohitzun*. Aber immer noch ist auf manchen Schildern wenigstens der obere französische Teil zugesprüht. Am wenigsten Spraykunst findet man noch an der Küste, denn die lebt von Touristen, und die sollen den Ort, in dem ihr Bett wartet und der Tisch gedeckt ist, ja schließlich finden.

Der Tisch an der Küste wird, wie könnte es anders sein, hauptsächlich mit frischem Meeresgetier gedeckt. In St.-Jean-de-Luz ist in der schmalen Rue de la République, die vom Strand zum Platz am Hafen führt, ein Lokal am anderen, und viele locken mit großen Gestellen, auf denen sie verführerisch ihre Austern, große und kleine Muscheln, Krebse, Meeresschnecken, Krabben und Langustinen aufgebaut haben. In verschiedener Zusammenstellung werden sie als *Plateau de fruits de mer* angeboten, mit Vinaigrette, Mayonnaise und Brot. Auf den teuersten ist auch ein Hummer dabei. Ganz große Esser schaffen nach einem ganz kleinen Plateau noch einen Fisch, aber normalerweise sitzt man lange, häuft immer größere Schalenberge an und ist am Schluß sehr satt und zufrieden. Am Ende der Gasse findet man rechts auf dem Platz das *Txalupa* mit schöner Terrasse, dessen Plateau wir besonders mochten. Eine ordentliche Adresse der baskisch-bürgerlichen Küche ist, ein paar Schritte in die Altstadt, *Le Tourasse* in der Rue Tourasse.

Die baskische Fischsuppe *Ttoro*, die traditionellerweise nur aus Seehecht (merlu) mit einigen Zwiebeln und Knoblauch zubereitet wird, hat in St.-Jean-de-Luz Mitte September ihr eigenes Fest. Restaurants, Fischer und auch Privatleute wetteifern, wer das beste Rezept und das beste Ergebnis hat, denn inzwischen wird die traditionelle Zubereitung vielfach variiert, mit anderen

Fischsorten, auch Muscheln oder Langustinen, Tomaten, Sellerie, allen möglichen Gewürzen – manchmal kommt etwas ähnliches wie die Bouillabaisse dabei heraus. Zum Fest werden überall in der Stadt lange Tische aufgebaut, an denen ein kritisches Publikum probieren kann.
In der Kirche von St.-Jean-de Luz hat der *Sonnenkönig* Ludwig XIV. geheiratet, und auch die Häuser, in denen er und die Braut damals wohnten, sind noch zu besichtigen. Der Ort liegt an einer großen Bucht mit ruhigem Wasser, in der man schwimmen kann. An der Uferpromenade und im Ort ist ein Hotel am anderen, es gibt Straßen zum Bummeln, Cafés, Boutiquen. Im Hafen ankern viele Yachten; hier ist ein Touristenzentrum.
Die Häuser auf der anderen Seite des Hafens gehören schon zu Ciboure. Das ist der Fischer-Teil des Doppelortes. Hier gibt es kaum Hotels und weniger Lokale und als größte Sehenswürdigkeit das Geburtshaus des Komponisten Maurice Ravel. Auf dieser Seite des Hafens laufen die Fischereischiffe ein, die Sardinen, Sardellen oder Thunfisch bringen. Sie kommen mit der Flut; jedesmal sind auch neugierige Touristen mit Fotoapparat dabei, die beobachten, wie in großen Netzen die Sardinen aus den Bäuchen der Schiffe geholt und in Windeseile in Holzkisten gepackt, mit Eis beschichtet und verladen werden. Thunfisch kommt nur alle paar Tage, weil die Schiffe weiter hinausfahren und länger unterwegs sind.

Früher gingen die Fischer von hier auf Walfisch- und Kabeljaufang. Die Festung an der Hafeneinfahrt stammt aus der Zeit von Henri IV. – sie schützte die Schiffe vor spanischen Übergriffen. Damals konnte man noch kein Eis aus dem Kühlhaus über den Fang schaufeln; vor allem der Kabeljau wurde getrocknet und blieb als Stockfisch (morue) lange haltbar. Ganz wie beim Confit wurde aus der alten Konservierungsmethode eine moderne Delikatesse. Morue ist trotz Eisschrank und Tiefkühlkost nach wie vor beliebt – so beliebt, daß er teurer als frischer Kabeljau ist! In der baskischen Küche wird er am liebsten zu einem feinen Mus (brandade) verarbeitet und in kleine halbscharfe rote Paprikaschoten mit der spanischen Bezeichnung *Piquillos* gefüllt.

Von St.-Jean-de-Luz aus in Richtung Spanien führt hoch auf den Klippen eine kleine Nebenstraße, die sich wegen der herrlichen Aussicht lohnt. In der anderen Richtung kommt man durch das hübsche Dörfchen Bidart mit seinen baskischen Fachwerkhäusern nach Biarritz, dem eleganten Zentrum der baskischen Küste. Als Badeort kam Biarritz unter Napoléon III. in Mode, dessen Frau Eugénie Badekuren liebte. Der Palast, den Napoléon ihr am Strand bauen ließ, ist heute das elegante und teure *Hôtel du Palais*, eines der schönsten Gebäude an der Uferpromenade, denn inzwischen ist dort auch viel Beton verbaut worden.

Biarritz ist kulinarisch noch anspruchsvoller ausgestattet als St.-Jean-de-Luz, entsprechend seiner Rolle als feiner Badeort für die besser und bestens Betuchten. Nicht nur große Hotelpaläste sorgen dafür. Wir bevorzugen das *Café de Paris* am Platz Bellevue, berühmtes Restaurant mit kleinem Hotel (Meerblick von den oberen Stockwerken), das die Chefköche *Edgard Duhr* und *Didier Oudill* nach langem Siechtum wieder zum Leben erweckt haben. Sie sind Meister im Würzen, mit vielen frischen Kräutern, und sparen auch nicht mit Trüffel oder Steinpilzen. Dem *Café de Paris* angeschlossen ist das *Bistro Bellevue,* mit bescheideneren Preisen und weniger Aufwand, aber auch fabelhaftem Geschmack.

Nicht weit, etwas bergauf in der Avenue Victor Hugo, ist einer der bemerkenswertesten Feinkostläden alten Stils zu entdecken, *Arrostéguy,* der außer baskischen Delikatessen und einer beachtlichen Spirituosenauswahl erstaunlich viel Englisches führt: zahlreiche Teesorten (das findet man sonst nirgendwo im Aquitaine), Shortbread, englische Biskuits und dergleichen. Daß hier viele Engländer ihre Ferien verbringen, merkt man auch an den zahlreichen Teestuben – von denen allerdings kaum eine weiß, wie man schmackhaften Tee zubereitet. Biarritz benachbart liegt Anglet, dessen riesige Supermärkte *Carrefour* und *Casino* verblüffend vielfältige und gute Lebensmittelabteilungen

◁ Sardinenfang
△ Anchovis mit Tapenadenbrot
▽ Vor Biarritz

haben. Einer hatte an seinen über 10 Brotsorten genaue Beschreibungen hängen, um was es sich handelte: *Weizen-Roggen-Mischung mit Hefe – Weizenbrot aus dem Steinofen* – usw. Überhaupt ist das Brot in Supermärkten oft erstaunlich gut (weil das vieler Bäcker inzwischen erstaunlich schlecht ist): Die *Baguette campagnarde* von *Leclerc* ist vielen anderen überlegen!

Der nächste Nachbar ist Bayonne, Frankreichs größte baskische Stadt mit schönem alten Viertel und vielen Kneipen, am Zusammenfluß von Adour und Nive. Sie wirkt viel volkstümlicher als Biarritz und hat täglich einen guten Markt; die Markthalle, die früher ein Plattenflachbau war, wurde im alten Stil mit Eisenträgern und viel Glas neugebaut.

In Bayonne gibt es eigentlich ein baskisches Museum, das zahlreiche Exponate aus Geschichte und Alltag der Basken besitzt – aber das ist seit 1989 geschlossen. Manchmal sieht man die Spuren von Bauarbeiten am Gebäude, die Fenster scheinen erneuert zu sein, aber etwas Entscheidendes hat sich noch nicht getan. Vielleicht öffnet es im nächsten Jahrtausend wieder seine Tore. Dann gibt es hier sehr martialische Befestigungsanlagen – auf denen jeden Sommer ein Jazz-Festival stattfindet. Sehenswert ist auch der besonders schöne spätgotische Kreuzgang der Kathedrale.

In Bayonne entstand im 16. Jahrhundert Frankreichs erste Schokoladenfabrik. Das Know-How hatten Juden mitgebracht, die aus Spanien vor

der Inquisition geflüchtet waren. Bis dahin hatten die Spanier das Geheimnis der Schokolade gehütet, das ihnen Columbus aus Amerika mitgebracht hatte. Die Schokoladenmacher kamen mit ihren Marmormörsern in die Privathäuser, um dort das begehrte Produkt herzustellen. Trinkschokolade wurde große Mode, die bald den Pariser Hof erreichte. Logisch, daß Bayonne damals auch der Haupthafen für Kakao-Import wurde, und das Zentrum der französischen Schokolade-Verarbeitung.

Schokolade spielt noch immer eine große Rolle, zwei besonders schöne Läden, die ihre Ware auch selbst herstellen, befinden sich in der Fußgängerzone in der Altstadt: *Casenave* und *Daranatz.* Hier spaziert man unter Arkaden von einem Laden zum nächsten Café oder Lokal, schattig im Sommer und trocken bei Regen. (Am Atlantik regnet es mehr als am Mittelmeer.) Im Mai wird in der Altstadt ein Schokoladen-Fest gefeiert.

Bei Casenave und Daranatz gibt es auch *touron.* Diese beliebte baskische Süßigkeit ist aus marzipanartiger Masse, im wesentlichen aus Mandeln und Pistazien, in verschiedenen Farben und Formen. Anders als Marzipan wird es aber frisch gegessen, hält sich nur ein paar Tage. Der baskische Kuchen, *gâteau basque,* kann ziemlich langweilig sein, wenn er mit Eiercreme gefüllt und außen trocken ist. Ist er aber außen knusprig, innen weich und mit Kirschen aus Itxassou gefüllt, ist er eine Köstlichkeit. So konnten wir ihn beim Konditor Peltanche in der Rue Thiers am Rand der Fußgängerzone kaufen.

Touron als Halbgefrorenes (Parfait) in dicken Scheiben mit Schokoladensauce bekamen wir in herrlicher Qualität etwas landeinwärts von Bayonne den Adour entlang in Urt. Dort liegt unten an einem winzigen Bootshafen die Auberge de la Galupe – Galupes sind die alten Flußschiffe, die früher Handelsware den Adour entlang fuhren. Die Galupe, schön altmodisch mit Balkendecke, elegant eingerichtet, wird betrieben von einem

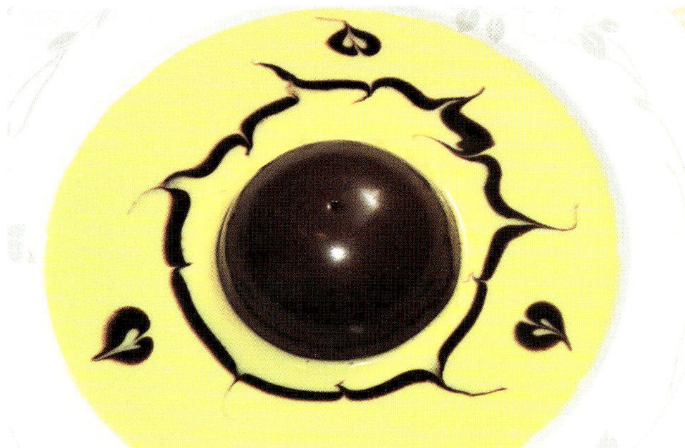

△ Schokolade und Touron aus Bayonne

◁ Bayonne

BA 61

C AD G

Wirt, der seinen Gästen auch manchmal abends auf der Guitarre vorspielt. Christian Parra erstaunte uns auch mit zarten, wohlschmeckenden Thunfischscheiben mit knusprigem Rand. Hier ist einer der Höhepunkte der baskischen Küche.

In Bayonne selbst betreibt ein besonders gutes Lokal *François Miura,* für unseren Geschmack der beste Koch des Ortes. Zu seinen Spezialitäten gehören hervorragend gebratene gefüllte *chipirons* (kleine Tintenfische). Das Restaurant ist mit viel Geschmack modern eingerichtet, und leise Jazzmusik im Hintergrund sorgt für heitere Stimmung. Die Gänge kommen in gemächlichem Abstand voneinander. Bei vielen anderen Lokalen der Gegend ist es eher angezeigt, schon bei der Bestellung um gewisse Pausen zwischen den Gängen zu bitten.

Der *Jambon de Bayonne,* der Bayonne-Schinken, war bei uns kein großer Erfolg – ziemlich salzig, kein kräftiger Geschmack, und meist wird er noch zu dick geschnitten. Anfang April gibt es eigens eine Schinkenmesse in Bayonne. Aber dann entdeckten wir, auch bei Miura, die bessere Variante: *Ibayona,* ein Bergschinken, der ein Jahr lang reifen muß, erst im Kühlhaus, dann an freier Luft. Der ist dem italienischen Parma ebenbürtig. Ebenso hochwertigen Schinken, mit etwas würzigerem Geschmack, näher am spanischen, macht Pierre Oteiza, ein Wurst- und Schinkenfabrikant nahe St.-Etienne-de-Baigorry. Seine Schweine laufen im Wald herum. Er züchtet eine traditionelle Rasse, die schwarzgefleckten baskischen (Ibayona ist von hellen Schweinen). Die Schweine haben einen Stall, wo sie einmal täglich gefüttert werden, der aber immer offen ist.

◁◁ Adour bei Urt
▷ Schinkenladen Oteiza
▷▷ Schweinezucht Oteiza

Gleich dahinter beginnt der Wald, in dem sie nach Eicheln, Pilzen und dergleichen wühlen können. Auch Oteizas Schinken reifen ein Jahr und lohnen unbedingt eine Kostprobe.

◁ St. Etienne-de-Baïgorry

Schweine sind auch in der baskischen Küche beliebt. Miura füllt seine vortrefflichen Chipirons mit Schweinsfuß. Eines der Gerichte, das sich uns am meisten eingeprägt hat, sind die wunderbaren getrüffelten Schweinsfüßchen von Firmin Arrambide, Besitzer der *Pyrenées* in St.Jean-Pied-de-Port, eines mit Recht hochgelobten Restaurants samt Hotel. Er ist auch ein Meister im Umgang mit Schweinebraten (confit) – und natürlich auch mit den „feineren" Bestandteilen der Großen Küche wie Lachs aus dem Adour, Krebse, Meeresfische, Trüffeln, Morcheln und dergleichen.
St.Jean-Pied-de-Port war früher die letzte französische Etappe für die Pilgerfahrt nach Santiago de Compostela in Spanien, dem sogenannten *Jakobsweg,* auf dem im Mittelalter Unmengen von Pilgern aller Länder entlangzogen. Danach kam der Aufstieg zum Paß. *Port* ist hier nicht das französische Wort für Hafen, sondern das verbalhornte *puerto* – Pied de Port bedeutet *am Fuße des Passes* von Roncesvalles.
Wer hier in der Nähe einfacher wohnen und essen will, der sollte in das Hotel-Restaurant *Manechenia* gehen, nicht weit von Eyheralde in einer Talfalte, mit einer schönen schattigen Terrasse, deftiger ordentlicher französischer Hausmannskost, sehr guten Frites – und vielen einheimischen

△ St. Jean-Pied-de-Port
▽ Ainhoa

Kunden, was in Frankreich immer ein gutes Zeichen ist. Dort gibt es nur ein – sehr preiswertes – Tagesmenü, in dem kleine Variationen möglich sind. Wir aßen *Garbure* (Gemüsesuppe) und danach Forelle bzw. gebratene Wachtel und waren zufrieden.

An vielen Stellen der Pyrenäen sieht es zunächst ziemlich deutsch aus: grüne Wiesen mit Kühen, Fachwerkhäuser, dahinter die Berge. Außer daß die Kühe hier hell sind, die *Blondes d'Aquitaine,* und daß vor den Fachwerkhäusern manchmal Bananenstauden wachsen. Die Basken, so sagt eine Freundin, die seit 30 Jahren in Bayern lebt und genau so lange hier Urlaub macht, ähneln in manchem den Bayern: sie sind verschlossen, mißtrauisch gegenüber Fremden, sehr traditionsbewußt. Statt Fingerhakeln betreiben die Männer hier andere Kraftsportarten: Tauziehen mit je acht Mann, Wettsägen an dicken Baumstämmen, das Stemmen von 200 kg schweren Steinen oder von riesigen Strohballen, Mannschaftswettlauf, bei dem ein schwerer Maissack befördert werden muß. Und dann gibt es den Nationalsport Pelota. Das ist ein Ballspiel, bei dem ein kleiner gummigefüllter Lederball gegen eine Mauer, den *Fronton,* geschlagen wird, mit einem Handschuh,

der eher wie eine große Kelle aussieht. Pelota prägt den Baustil baskischer Dörfer: hier besteht der Ortskern nicht aus Kirche, Bürgermeisteramt (Mairie) und Café, sondern aus Fronton, Kirche und Friedhof. Nur in wenigen Dörfern ist der Fronton nicht mitten im Ort. Die Häuser sind fast überall mit Fachwerk gebaut, und die Balken sind fast immer ochsenblutrot gestrichen. Weiße Häuser, rote Balken, grüne Hügel – das sind die baskischen Nationalfarben. Und auf den Friedhöfen stehen Stelen mit rundem Kopf als Grabsteine.

△ Pyrenäenvorland

▽ Pyrenäenschafe

Anders als in Bayern werden die Kühe im Baskenland mehr für den Kochtopf und die Bratpfanne gezüchtet weniger wegen Milch und Käse. Kuhmilchkäse wird hier kaum gemacht. Ein Stolz der ganzen Gegend ist Schafskäse, *ardi gasna,* oder auf französisch *Brebis* (so heißt das Mutterschaf). Dieser feste gelbe Schnittkäse aus den Pyrenäen ist praktisch überall zu haben, in den Lokalen oft mit Konfitüre serviert. An der berühmten und eigens ausgeschilderten Käsestraße, der *Route du Fromage* (hauptsächlich die D 918) von St.-Jean-de-Luz am Atlantik über das Massiv von Iraty ins Tal von Ossau weisen Schilder den Weg zu Dorf- und Bergbauern, bei denen man Brebis kosten und kaufen

kann. Eine Liste gibt es auch bei den Touristenbüros, z.B. in Labastide-Clairance. Bei *Aycaguer* in Osses kauften wir außer Käse auch gute selbstgemachte Lammwurst. Je höher man kommt, umso mehr Herden sieht man, denn die Schafe weiden hoch oben auf den Bergwiesen. Im Winter werden sie im Tal in Ställen einquartiert.
Wir fuhren von St.-Jean-Pied-de-Port aus auf schmalen steilen Wegen bergauf, um den Schäfer zu besuchen, von dem Firmin Arrambide seinen Käse bezieht. Vater und Sohn teilen sich die Arbeit mit der Herde; zweimal am Tag muß gemolken werden. Dafür müssen die frei herumschweifenden Tiere jedesmal bei einer Scheune zusammengetrieben werden. Käsemachen ist Handarbeit, aber beim Schafehüten hat moderne Technik Verwendung gefunden: mit einem Gelände-Motorrad sauste der Sohn hügelauf und hügelab, unterstützt von den Schäferhunden, und trieb die Schafe Richtung Scheune, wo der Vater in Ruhe wartete und kommentierte: „Ich mußte das früher zu Fuß machen."

Da Pyrenäenschafe große Hörner haben, haben sich die beiden ein einfaches System zum Melken ausgedacht: in einer Futterrinne bekommen die Tiere etwas zusätzliches Kraftfutter, und wenn alle gierig fressen, lassen die Schäfer ein Brett herunter, das ihre Hörner festklemmt. So können sie in Ruhe melken, ohne daß die Tiere ständig fortlaufen. Die mögen das zwar nicht besonders, fallen aber jeden Tag erneut darauf rein.

Einer der besten großen Brebis-Produzenten liegt auf halber Höhe, nahe dem hübschen Ort Labastide-Clairence, es ist eine Abtei: die *Abbaye de Belloc* (gut ausgeschildert). Dort haben sich Benediktinermönche seit der Gründung vor über 100 Jahren landwirtschaftlich und als Handwerker betätigt. Zunächst erbauten sie eine Mühle und eine Schokoladenfabrik (Bayonne ist ja nur zwanzig Kilometer entfernt). Aber heute verdienen die Mönche das Geld für die eindrucksvoll modernisierte Abtei mit der Herstellung von Teppichen, einer großen baskisch-französischen Religions- und Regionalbücherei – und einer erstaunlichen Produktion von hervorragendem Brebis.

Den verkaufsfertig Abgepackten findet man in einer Vitrine hinten in der Bücherei. Im Nebengebäude lagern Unmengen runde Käselaibe verschiedener Reifegrade, hergestellt auf traditionelle Art. Übrigens braucht man 5-6 Liter Schafsmilch, um ein Kilogramm Brebis zu gewinnen. 3 Monate muß er mindestens reifen; der baskische reift langsam und meist länger und wird dabei immer härter und auch etwas schärfer. Die Leute im benachbarten Béarn essen ihn am liebsten ziemlich weich und mild. *Iraty* heißt eine besondes geschätzte baskische Appellation, *Ossau* eine des Béarn.

Wohl der durchaus sinnebejahenden Einstellung der Katholiken entsprechend haben auch die Mönche einen Prospekt ihres Käses, auf dem man ihn in der französischen Idealkombination sieht: mit einem Stück Brot, einem Messer und einem Glas Rotwein.

Das Glas Rotwein verblüffte uns umso weniger, als hier im Baskenland, im Béarn und der Gascogne nicht nur viel, sondern auch hervorragender Wein an- und ausgebaut wird, der außerhalb des französischen Südwestens weitgehend unbekannt ist – aber nicht in manchen deutschen Weingeschäften. Das einzige baskische Weinanbaugebiet ist das winzige *Irouléguy,* ganz nahe von St.Jean-Pied-de-Port bei St. Etienne de Baigorry. Das Dörfchen Irouléguy gibt es auch, mit 250 Einwohnern.

△ △ Mönch in Belloc

△ Abtei Belloc

▷▷ Käsekammer in der Abtei Belloc

So unbekannt der Wein bei uns (noch) zu sein scheint, so ehrwürdig ist er auch. Die erste Kunde von ihm stammt aus dem 11. Jahrhundert. Im 14. bauten die Mönche von der hochgelegenen Abtei *Roncesvalles* Kirchen

in Irouléguy und dem nahen Anhaux und pflanzten Wein für die Abtei, bei der – in tausend Meter Höhe – keiner wachsen konnte. Als das Gebiet unten französisch wurde, überließen sie die Felder den benachbarten Bauern. In früheren Zeiten erstreckte sich der Anbau über die französische und die spanische Seite der Pyrenäen hinweg die Täler. Auf der spanischen Seite entspricht dem Irouléguy der *Txacoli.*

Der Anbau auf der französischen Seite ging im Lauf der Zeit stark zurück – kein Wunder bei den Steilhängen mit Neigungen bis zu 65%. Mitte des 20. Jahrhunderts kam praktisch der Neubeginn. Eine dynamische Genossenschaft verbesserte das Terrain durch Anlage von Terrassen, führte bessere Rebsorten ein: für den Weißwein Petit Courbu, Gros Manseng und Petit Manseng, für den Roten Tannat, Cabernet Sauvignon und Cabernet Franc.

In den Weinbergen wundert sich der Fremde über Warnschußanlagen – sie sollen Dachse abschrecken, die gern Rebstöcke anfressen. 1970 erhielt der Wein das Gütezeichen der Appellation contrôlée (AOC). Außer der Kooperative gibt es nur ganz wenige Winzer.

Hier entstehen einige teilweise sehr gute Weißweine, etwas Rosé und überwiegend recht kräftige Rote, unter denen die der Familie *Brana* herausragen, freilich auch mit dem Preis.

Vater Etienne Brana, erfolgreicher Obst-Destillateur, hatte lange geträumt, alte Rebflächen kaufen und eine moderne Irouléguy-Produktion betreiben zu können. Das gelang ihm 1983. Nach seinem Tod neun Jahre später schafften seine Kinder Jean und Adrienne, damals 26 und 30 Jahre alt, mit tatkräftiger Unterstützung der Mutter Martina, das Unternehmen weiter auszubauen. Die Branas haben ihr Geschäft, in dem man kaufen kann, in Saint-Jean-Pied-de-Port.

Zu unseren Favoriten gehört auch die *Domaine de Mignaberry* von der Kooperative in St.-Etienne de Baigorry. Außerdem ist erwähnenswert die *Domaine Arretxa,* die den Wein weitgehend nach *agro-biologischer* Methode ausbaut. Dort kann man auch in einfacher, ländlicher Unterkunft wohnen.

Das typische Gewürz des Baskenlandes sind die *Piments d'Espelette,* kleingemahlene Pfefferschoten, die milder als Chili, aber kräftiger als Paprika sind. Wie die Schokolade stammen sie aus Amerika; die Basken haben früh begonnen, sie anzubauen und zu benutzen, hauptsächlich um den Ort Espelette herum, nach dem sie heißen. Jeden Mittwoch ist hier Markt mit Regionalprodukten, aber die Piments gibt es auch an anderen Wochentagen in den Läden. Den Ort muß man zur Zeit der Ernte sehen! Dann findet dort, am letzten Wochenende im Oktober, das Pimentfest statt. Jede Wand, jedes Fenster, jeder Zaun, alles, auf das tagsüber die Sonne scheint, hängt dann voll mit roten Pimentzöpfen, die hier trocknen sollen. Anschließend werden sie als Ganze verkauft, oder kleingemahlen und in Gläser gefüllt.

Es ist ein so schöner Anblick, daß manche Häuser den Schmuck das ganze Jahr hängen lassen, wie etwa das Hotel und Restaurant *Euzkadi.* Hier gibt es vortreffliche rustikale Baskenküche, in großen Portionen, sehr nahrhaft. Etwa *Axoa* (geschnetzeltes Rind oder Kalb mit Piments) oder *Tripotxa* (Wurst aus Lamm oder auch Kalb mit Piments und Tomatensauce) oder *Ttorro,* abgesehen von *Piperade* und *Poulet Basquaise.* Sonntag mittag ist der große Saal voll mit Familien, die aus der ganzen Umgebung kommen. Wenn es so voll ist, ist der Service langsam, was bei den großen Portionen eher angenehm ist. Die scheinen für Menschen bemessen zu sein, die gerade vom Steinstemmen oder Maissack-Wettlauf kommen! Eine Wanderung durch die Umgebung wäre also zu empfehlen.

Nicht weit liegt der kleine Ort Itxassou mit 2 Ortsteilen, der größere um den Fronton herum und der kleinere um die Kirche. Die ist sehenswert: Ein barocker Altaraufsatz, ein Gemälde von Murillo, das den heiligen Franziskus darstellt und die hölzernen Galerien an Seiten- und Hinterwand, auf denen beim Gottesdienst die Männer sitzen; die Frauen sitzen unten. Drei Stock Galerien ziehen sich um den Kirchenraum, wunderschön geschnitzt. Fast alle baskischen Kirchen haben diese Galerien; die meisten begnügen sich mit zwei.

Itxassou ist Kirschenstadt. Im Frühling blüht es hier zauberhaft und von Mitte Mai bis Mitte Juni ist jeden Tag Kirschenmarkt. Die Saison wird von einem großen Kirschenfest abgeschlossen. Etwa 5 Kilometer weiter ist der *Pas de Roland,* die Stelle, wo man angeblich noch die Spur von Rolands Pferdehuf sieht. Roland fiel beim Rückzug Karls des Großen aus Spanien in der Nähe von Roncesvalles. Im Baskenland genießt er nicht dasselbe Ansehen wie in deutschen Schulbüchern: Seine Truppen verwüsteten baskische Dörfer und die Stadt Pamplona. Kein Wunder, daß die Basken ihn umbrachten.

Hier in der Gegend gibt es noch viele hübsche Dörfer, etwa Sare mit seinen behäbigen Fachwerk-Wohnhäusern, von denen einige zwei oder drei Jahrhunderte auf dem Buckel haben. Und Ainhoa, das an einer einzigen Straße auf dem Hügelkamm liegt, eines der schönsten typisch baskischen Dörfer überhaupt. Ein prächtiges Haus steht am anderen, und am Ende, wo sich die Straße zu Kirchplatz und Fronton ausweitet, liegt ein empfehlenswertes Restaurant (mit Hotel): das *Ithurria* der Familie Isabal. Es hat einen wunderschönen Speisesaal, rustikal mit Eleganz, und hier fanden wir manche Spezialitäten der Gegend besonders gut, etwa die Piquillos mit Stockfischmus gefüllt (siehe Rezeptteil), oder baskisches Cassoulet mit Ente. Die Isabals bieten eine gute Mischung von Deftigem und Feinem. Das Restaurant ist eher die obere Preisklasse, aber die Weine der Gegend sind preisgünstig.

Über die Hügel führen noch viele alte Platanenalleen, die besonders im Sommer, wenn sie einen schattigen grüne Tunnel bilden, sehr reizvoll sind. Schöne Wanderwege gibt es hier, auf denen man gelegentlich die Geier über sich kreisen und die wilden Pferde am Wegrand grasen sieht. *Pottok* heißt diese etwas kleine, dunkle Rasse auf baskisch, und die Basken schätzen sie besonders – zum Schlachten. Seit es hier mehr Touristen gibt, kommen sie allerdings auch als Reitpferde zu Ehren.

Höher in den Bergen wird es wilder und die Gegend spektakulärer: etwa die Schlucht von Holzarte, die man durchwandern kann, teilweise auf schmalen schwindelerregenden Stegen. Oder der Wasserfall von Kakouetta, dem man sich auf engem Pfad durch eine tiefe Schlucht nähert. Oben in den Bergen könnte es sogar möglich sein, daß man auf einen der Bären trifft, die hier wieder ausgewildert worden sind – sehr zum Ärger der Schäfer. Denn ein leckeres Lamm weiß so ein Bär schon zu schätzen.

Wild haben wir weniger auf den Speisekarten gefunden, mit einer Ausnahme, und das ist nun wieder eine baskische Leidenschaft, die auch die anderen Südwest-Franzosen teilen: die wilden Ringeltauben, *Palombes.* Sie verbringen den Sommer in nördlichen Regionen, den Winter in Spanien, und fliegen also zweimal im Jahr über die Pyrenäen, im Oktober und im Februar. Dann lauern schon überall auf den Hügeln die Jäger. Unser Nachbar in Tosse nahm immer im Oktober seinen Urlaub, und statt nun auszuschlafen, stand er jeden Morgen so früh wie sonst nie auf und zog mit seinem Gewehr in die Wälder. Waren keine Tauben vorbeigekommen, dann brachte er wenigstens ein paar Steinpilze nach Haus. Bei ihm aßen wir ein Wildtaubenragout, das seine Schwiegermutter drei Tage lang gekocht hatte, so daß eine unglaubliche Sauce entstanden war.

SARDINES GRATINÉES
SARDINEN AUS DEM BACKOFEN

12 Sardinen, je 2 Eßlöffel Semmelbrösel,
Petersilie und Olivenöl,
2 ausgepreßte Knoblauchzehen

Ganz frische Sardinen, frisch vom Schiff am Hafen gekauft, schuppen, Kopf und die Flossen abschneiden, ausnehmen und entgräten, aufklappen; darauf achten, daß die Hälften noch zusammenhängen. Mit der Haut nach unten auf ein Backblech legen, darauf eine Mischung aus Semmelbröseln, Olivenöl, viel Petersilie und Knoblauch häufeln. Zehn Minuten im heißen Backofen backen.

THON KASKAROTE
THUNFISCH KASKAROTE

4 Scheiben Thunfisch
Marinade: Zwiebel, Olivenöl, Zitronensaft
1 Schalotte, 4 Tomaten,
4 Piquillos aus dem Glas
Knoblauch, 1 Handvoll Kräuter
(Sarriette oder Thymian, Estragon,
Petersilie), Salz, Espelette-Pfeffer
Olivenöl zum Braten, frische Minze

Nach dem Original-Rezept soll der Thunfisch eine halbe Stunde auf kleiner Flamme in der Sauce köcheln – dann wird er aber hart und schmeckt fettig-fischig! Unsere Abwandlung: Thunfisch in geriebener Zwiebel, Öl und Zitronensaft 3 Stunden marinieren.

Sauce: In Olivenöl eine gehackte Schalotte anschwitzen, dann vier gehäutete Tomaten, vier Piquillos aus dem Glas samt ihrem Saft, alles kleingeschnitten, dazugeben, mit Knoblauch, den Kräutern, Salz und Espelette-Pfeffer würzen. Etwa 20 Minuten köcheln, bis alles cremig ist.

Vom Thunfisch die Marinade mit Küchenpapier abtupfen. Den Fisch in einer Pfanne in heißem Öl vier Minuten braten.

Mit der Sauce servieren, in die man noch frische Minzeblätter gibt.

THON AU MADIRAN
THUNFISCH IN MADIRANSAUCE

1 kg Thunfisch, 1 Flasche Madiran
Gemüse für die Sauce: 4 Karotten,
2 Zwiebeln, 4 Knoblauchzehen,
2 Porreestangen, 2 Stangen vom
Staudensellerie, 2 große Tomaten
(enthäutet und entkernt),
frischer Oregano und Petersilie, gehackt
Öl, Salz, Pfeffer, 1 Glas Armagnac
1 dicke Scheibe Bayonne-Schinken
etwa 100 g,
200 g Champignons mit möglichst kleinen
Köpfen

Thunfisch in dicke Würfel von ca. 5 cm schneiden, 3 Stunden lang in dem Rotwein marinieren, herausnehmen und abtrocknen.

Nun zunächst die Sauce zubereiten: alle Gemüse in sehr feine Scheiben schneiden, Tomaten würfeln und bei mittlerer Hitze in Öl anbraten. Mit der Marinade aufgießen, Kräuter einstreuen, salzen (wenig – der salzige Schinken kommt ja noch hinzu), pfeffern. Bei großer Hitze auf zwei Drittel einkochen und dann eine Stunde köcheln. Durch ein feines Sieb passieren.

In der klaren Sauce den in feine Streifen geschnittenen Schinken und die Champignonköpfe 15 Minuten garen.

Thunfisch bei großer Hitze kurz in Öl braten, ein Glas Armagnac zugießen und flambieren. Braten und flambieren dürfen zusammen nicht mehr als 3 bis 4 Minuten dauern; der Fisch muß innen noch rosa sein. Thunfisch in die Sauce geben und sofort servieren.

PIQUILLOS FARCIES
MIT STOCKFISCHMUS GEFÜLLTE KLEINE ROTE PAPRIKA

500 g Stockfisch,
1 Kaffeetasse Olivenöl, ca. 1/8 l
2 Knoblauchzehen, gehackte Petersilie,
Pfeffer, 12 Piquillos,
kleine halb scharfe Paprika.
Piquillos kann man im Baskenland und in spanischen Läden in Deutschland in Gläsern kaufen, schon fertig gegart und gehäutet.

Stockfisch mindestens 24 Stunden wässern, das Wasser mehrere Male wechseln. Mit frischem kalten Wasser aufsetzen, zum Kochen bringen und leicht sprudelnd etwa 10 Minuten kochen lassen. Leicht abgekühlt entgräten und häuten.
Im Wasserbad die Stücke kräftig mit einem Holzlöffel oder einem elektrischen Pürierstab zerdrücken und dabei nach und nach das Olivenöl hineinrühren wie in eine Mayonnaise. Am Schluß den zerquetschten Knoblauch dazugeben und pfeffern.
Die Masse in die Piquillos füllen, im Dampf oder im Backofen kurz erhitzen. Mit einer Sauce aus frischen Tomaten, Zwiebel, Schalotte und einem Glas Armagnac servieren.
Im *Ithurria* in Ainhoa werden sie von einer Sauce aus Weißwein und Rinderfond begleitet.

PIPERADE
BASKISCHES RÜHREI

6 Eier, 2 rote Paprikaschoten oder
10 milde grüne Pfefferschoten
1 große Zwiebel, 2 Knoblauchzehen
4 große Tomaten, Thymian,
Espelette-Pfeffer, Salz
Gänse- oder Entenschmalz
4 Scheiben Bauchspeck oder Schinken

Paprika häuten, entkernen, mit gehackter Zwiebel und Knoblauch in Gänseschmalz auf kleiner Hitze ca. 8 Minuten braten. Geschälte und entkernte Tomaten zufügen, mit Espelette-Pfeffer, Salz und Thymian würzen. Zugedeckt 20 Minuten köcheln lassen, dann ohne Deckel sanft weiterkochen, bis alle Flüssigkeit verdampft ist.
Eier schlagen, wenig salzen, in die Pfanne zu der Tomatenmischung geben und unter ständigem Rühren stocken lassen.
Mit den Schinkenscheiben servieren, die in sehr heißem Gänsefett kurz angebraten wurden.

„Weizenbrot aus dem Steinofen" bieten sogar die Supermärkte im Baskenland an.

POULET BASQUAISE
BASKISCHES HUHN

1 Huhn, ca. 1,5 kg,
1 große Zwiebel, 3 Knoblauchzehen
10 kleine grüne milde Peperoni
2 rote Paprikaschoten, gehäutet, 6 Tomaten
Bouquet garni: Lorbeer, Thymian, Petersilie,
Salz und Pfeffer, Öl, Mehl

Zwiebel und Knoblauch in Öl anbraten, alle Paprika und Peperoni hacken und dazugeben, nach ca. 5 Minuten die geschälten und entkernten Tomaten, Kräuter und Gewürze. Das Gemüse 25 Min. zugedeckt köcheln lassen.
Huhn vierteln, mehlen, in einer Pfanne oder gußeisernen Kasserolle anbraten und im zugedeckten Topf im Backofen angaren: die Brustteile 5 Minuten, die Schenkel 25 Minuten. Das Huhn mit den Gemüsen vermengen, eine weitere Viertelstunde schmoren lassen.

SALMIS DE PALOMBES
WILDTAUBENRAGOUT

4 Wildtauben, 1 Flasche Madiran
je 1 dicke Scheibe Bayonne-Schinken und
Bauchspreck, 12 Zwiebeln, Thymian, Petersilie, Lorbeer, Gänsefett, Mehl, 1 Glas Cognac

Am ersten Tag die geputzten und vorbereiteten Tauben in je vier Stücke teilen, im Rotwein mit ein paar Zwiebelringen, Thymian und Petersilie die Nacht über marinieren.
Am zweiten Tag die Tauben aus der Marinade nehmen, in Gänsefett mit gehackter Zwiebel und dem kleingehackten Schinken und Speck anbraten. Mit etwas Mehl bestäuben. Mit der Marinade angießen, so daß die Flüssigkeit die Tauben gerade bedeckt. Ein Kräutersträußchen aus Thymian, Petersilie und Lorbeer zufügen, salzen, pfeffern. Wenn die Tauben gar sind, ein Glas Cognac zugießen. Über Nacht ziehen lassen.
Am dritten Tag vor dem Essen noch ein wenig köcheln lassen.

GÂTEAU BASQUE
BASKISCHER KUCHEN

300 g Mehl, 1 Ei und 2 Eigelb
150 g Zucker, 1/2 Tütchen Backhefe,
200 g Butter
abgeriebene Schale einer Zitrone, Salz
300 g Konfitüre von schwarzen Kirschen
aus Itxassou, sonst von Sauerkirschen

Mehl und Hefe in einer Schüssel vermischen. In der Mitte eine Mulde formen, Ei und 1 Eigelb, Zucker, Salz, Zitronenschale und kleingeschnittene Butter hineingeben.
Teig kneten, bis er fest und gleichmäßig ist. Eine Stunde im Kühlen ruhen lassen.
Den Backofen auf 180 Grad C vorheizen. Eine Springform ausbuttern. Teig in einen größeren und einen kleineren Ball teilen. Den größeren Teil vom Teig ausrollen, Boden und Ränder der Form damit auslegen. Konfitüre einfüllen. Den kleineren Teigteil ausrollen und auf die Kirschfüllung legen, an den Rändern gut festdrükken. Deckel mit einem spitzen Messer einstechen, damit der Dampf beim Backen entweichen kann. Mit dem zweiten Eigelb, verquirlt in 1 Teelöffel Wasser, bepinseln.
Im vorgeheizten Backofen ca. 45 Minuten bei 180 Grad C backen.

Das Rezept für das Wildtaubenragout stammt von Sandrine Tauziets Großmutter, die darauf schwört, daß das Ragout nur dann den vollen Geschmack bekommt, wenn man den Kochvorgang wirklich über 3 Tage hinzieht.

GASCOGNE

△ Mimosen am Atlantik

◁ Angler am Lac de Aureilhan bei Mimizan

◁◁ Capbreton

Côte d'Argent, Silberküste, heißt der Uferstreifen des Südwestens, und wirklich glitzert das Meer hier in der schrägen Nachmittagssonne silbern. Bei Sturm ist es grün-gischtig mit riesigen Brechern, bei ruhigem Wetter blau mit kleinen Wellen, die den Badenden leise schaukeln. Aber das ist die Ausnahme: ziemlich wild ist der Ozean hier immer. Gerade recht für die Surfer, die mit Schwung und Eleganz auf den Wellenkämmen dahersausen – oder von ihrem Brett nicht hochkommen. Sie kommen von weither angereist, viele aus England, wie man an den Schildern der Autos sieht, aus denen sie ihre Surfbretter auspakken. Hier ist ein Paradies für Wellenreiter.

Aber auch eins für Strandleben: Der Strand ist schier endlos, weit über 100 km, und verglichen mit dem Mittelmeer selbst im Sommer ziemlich leer. Sicher, da wo Orte sind, drängeln sich auch die Menschen auf dem Sand. Aber die Orte sind weit entfernt voneinander, und dazwischen ist viel Platz. Schwimmen sollte man an einsamen Stellen aber nur mit größter Vorsicht, nur bei auflaufendem Wasser und nicht an Prielen, denn der Atlantik ist sehr tückisch. Besser geht man dort ins Wasser, wo viele Leute sind, wo Rettungsschwimmer aufpassen und rote Fahnen warnen, wenn es zu gefährlich ist. Für Kinder und stürmische Tage gibt es notfalls immer noch die Haffseen, in denen man gemächlich herumplantschen kann. (Genau so schön und weitläufig sind auch die Strände des Médoc.)

Wenn es zu stürmisch ist, sind nicht nur die Schwimmer enttäuscht. Dann sieht man am Hafen von Capbreton genervte Restaurantköche. Denn dann fahren die Schiffe nicht aus und es gibt keinen frischen Fisch. Mit Plastiktüten und Taschen stehen Wartende herum und gucken, ob es nicht doch einer riskiert hat. Capbreton ist der Fischereihafen für den Einzelhandel. Hier ankern kleinere Fischerboote, die nur für einen Tag hinausfahren und anschließend ihren Fang gleich im Hafen verkaufen. Zu jedem Boot gehört ein Stand, den meist die Frau des Fischers betreibt. Hier gibt es herrlich frische Seezungen (nie wieder kauft man im Laden eine, wenn man die gekostet hat), Steinbutt, Meerhecht, Dorade, manchmal kleinere Thunfische, Meereskrebse, je nachdem, was im Netz war. Selbst die edlen Seezungen und Steinbutte sind ziemlich preiswert. Hier kaufen Privatleute und die Restaurants der Umgebung.

Was es auf diesem Markt nie gibt, auch nicht zur Saison, sind *Pibales,* die winzigen jungen *Glasaale,* die im Winter hier vorbeischwimmen, um den Adour hinauf in die Bergflüsse zu wandern. Pibales, das ist eine Leidenschaft, eine Besessenheit. Für Pibales brechen ganz honorige Bürger gern die Gesetze, gehen nachts verbotenerweise mit Licht fischen oder sitzen in Lokalen, in denen solch illegaler Fang serviert wird. Denn die Glasaale sind geschützt. Wenn sie hier alle an den Mündungen weggefangen werden, ist am Ende keiner mehr übrig, der in den Flüssen zu richtigem Aal heranwachsen kann. Die Fangquote ist streng begrenzt, nur Fischer mit besonderer Genehmigung dürfen fangen. Eigentlich dürfte es nur ganz wenige auf den Tellern geben. Entsprechend teuer sind sie. Und trotzdem gibt es von diesen teuren in den Lokalen erstaunlich viele. Und jede Nacht während der paar Wochen Saison sieht man an der Flußmündung die Lichter der heimlichen Fischer blinken.

Dabei schmecken die Glasaale eigentlich nach nichts. Natürlich ist es ein Sakrileg, das zu sagen; hier an der Küste wäre man bei allen Feinschmeckern sofort unten durch. Pibales werden in sehr heißem Fett mit vielen dünnen Knoblauchscheibchen gebraten, und das Gericht schmeckt sehr gut – nach gebratenem Knoblauch. Der Koch vom *Bon Coin du Lac* in Mimizan hat eine artenschutzfreundliche Variante dieses Gerichts erfunden: *Poêlée de calamars façon pibales* – Tintenfisch nach Art der Pibales. Er schneidet die Tintenfische in glasaaldünne Streifchen, die kleinen schwarzen Augen werden mit Pfefferpünktchen imitiert, und wenn das auf die besagte Art zubereitet wird, schmeckt es auch sehr gut – eben nach Knoblauch. Wer trotzdem unbedingt Pibales probieren will, kann in Capbreton in das sehr populäre *Buffet de la gare* gehen; da ist ein Fischer in der Familie. Aber ohne Vorbestellung kriegt man auch hier keine. Für sonstigen Fisch, ordentlich zubereitet und immer sehr frisch vom nahegelegenen Hafen, empfiehlt sich das kleine *Pavé du Port* am Yachthafen.

Hinter dem langen Küsten- und Dünenstreifen erstreckt sich landeinwärts, auch unendlich weit, der Pinienwald. In diesem Teil, den *Landes de Gascogne*, gibt es nur wenige alte Orte, viele neue Siedlungen, meist auch im traditionellen Fachwerkstil gehalten, und übrigens viele schöne schattige Campingplätze. Denn diese Gegend war lange unwirtlich und wenig besiedelt. *Landes* heißt Heide, und in der Tat war hier bis ins 19. Jahrhundert ein sumpfiges, schwer zugängliches Heideland. Die Schäfer bewegten sich auf Stelzen vorwärts, denn unter dem Sumpf war harter undurchlässiger Boden. Die Stelzen sind ein Stück Folklore-Tradition, zu vielen Volksfesten findet ein Umzug von Stelzen-Gängern statt, die ihre Schafsfell-Jacken tragen.

Napoleon III. ließ im 19.Jahrhundert diese ganze riesige Sumpflandschaft mit Pinien aufforsten. Die Schäfer wurden Holzarbeiter und fingen an den Baumstämmen mit kleinen Tongefäßen das Harz auf. Auch diese Gefäße gibt es heute noch – als Kerzentöpfe. Die Mücken wurden weniger, das Sumpffieber verschwand, mit Holz und Harz machte man gute Geschäfte. Der bitterarmen Gegend ging es allmählich besser. Heute ist Holz weniger gefragt und statt Harz gibt es Kunststoffe. Aber nun floriert die Tourismusindustrie. Für die wurde bei Sabres das Museumsdorf *Marquèze* errichtet, das Bauernhöfe und Werkstätten des 19.Jahrhunderts beherbergt. Und niemand sollte zögern, sich bei den zahlreichen Dorffesten, die hier den ganzen Sommer über gefeiert werden, mit an die lange Tafel zu setzen. Die wird meist auf dem Marktplatz aufgebaut, irgendwelche Freiwilligen kochen und für wenig Geld kann man mitessen und mittrinken. Hinterher wird getanzt. Diese Feste finden schön versetzt statt, denn jedes Dorf will natürlich auch bei den Nachbarn mitfeiern. Transparente kündigen solche Ereignisse rechtzeitig vorher an. Wir haben einige Jahre in einem kleinen Fachwerkhaus in Tosse gewohnt und das Dorffest immer sehr genossen.

Und noch etwas floriert in den weitläufigen Wäldern: die Hühnerzucht. Das kommt einem verwunderlich vor, wenn auf Pinienzweigen und im Unterholz-Farnkraut gackernde Hühner sitzen! Millionen von Hühnern tummeln sich frei im Wald. Der totalen Industrialisierung der Aufzucht wird hier schon seit langem erfolgreich Widerstand geleistet.
In der Großen Gastronomie hat sich eine Zeit lang Bresse-Geflügel den größten Respekt verschafft. Bresse-Hühner sind freilich nicht nur die teuersten, was ihre hohe Qualität rechtfertigen würde, sondern meist viel zu fett. Da haben sich die Züchter vertan. Ihre Hühner haben zwar viel Bewegung, aber keineswegs nur huhngemäße Nahrung. Schon längst konkurrieren mit ihnen *Mistkratzer* aus deutschen Höfen und aus anderen französischen Gegenden. Unter diesen hat der Südwesten den Trumpf mit Hühnern, die, jawohl, machen können, was sie wollen.
Das Paradebeispiel ist das *Huhn von St. Sever,* das auch als *Marie Hot* und *Les Produits du Peyriguet* im Handel ist. St. Sever ist ein zauberhaftes altes Städtchen mit Arkaden, ein Dutzend Kilometer südlich von Mont-de-Marsan, der Hauptstadt des Departements Landes. Die Hühner heißen so, weil dort das Unternehmen gegründet wurde, aber die rund vierhundert Züchter verteilen sich auf eine gewaltige Fläche. Die riesige Ausdehnung der Wälder in den Landes haben sie sich zunutze gemacht, der industriellen Massenzucht etwas entgegenzusetzen, was gar nicht mehr in die wirtschaftliche Landschaft von heute zu passen scheint. Die Hühner, zwischen sechs und sieben Millionen, laufen frei im Wald herum. Zäune gibt es nicht.

Etwa drei Wochen lang sind die Küken im Wald in kleinen Holzställen untergebracht, wo sie gefüttert werden. Danach werden die unteren Seitenbretter entfernt. Die Küken können heraus und laufen, wohin sie wollen. Nachts kommen sie zum Schlafen von selbst in den Stall zurück, und nach wie vor finden sie dort regelmäßig ihr Futter vor, überwiegend Mais. Die Züchter bauen ihn meist selbst an; die Landes sind Frankreichs größtes Maisgebiet. Fettstoffe und Tiermehl sind verboten.
Das Huhn ergänzt sich die Nahrung mit Pflanzen, Insekten und Wür-

mern, die es selbst unter und an den Bäumen findet. Wie weit es sich auch entfernt, den Weg zur vertrauten Futterstelle findet es natürlich zurück. Es stammt aus einer traditionellen Rasse langsamen Wachstums. Geschlachtet wird es nach etwa 84 bis 89 Tagen – weit später als die industriell gezüchteten. Die *Fermiers Landais,* die Bauern der Landes, waren die ersten, die 1965 mit einem *Label Rouge,* dem roten Gütezeichen, ihre Bemühungen um *Tradition und Qualität* gewürdigt sahen. Ihr Beispiel machte Schule, aber nur sie können mit dem Zusatz *in Freiheit aufgewachsen* werben. Sie züchten auch Perlhühner, Puten, Enten, Wachteln und Kaninchen. Aber die *gelben* Hühner sind ihr berühmtestes Hauptprodukt. Ein Fünftel exportieren sie nach der Schweiz und Großbritannien. Während sich Wirte der gehobenen Gastronomie bei uns nur selten entschließen, so etwas Rufgeschädigtes wie Huhn auf ihre Speisenkarten zu setzen, brauchen französische keine solche Bedenken zu haben. Und für französische Hausfrauen und -männer ist es selbstverständlich, solche Qualitätshühner in den Regalen ihrer Supermärkte zu finden. Sie kosten doppelt soviel wie Industriehühner, aber doch nur zwei Drittel vom Bresse-Preis.

▽ Leckere Spezialitäten: Huhn und Entenconfit

Sehr feines Huhn bekamen wir in *Pain Adour et Fantaisie.* Und Chef Philippe Garret hatte nun wieder seine eigene Adresse, ein kleiner Bauernbetrieb, der ihm die Mistkratzer aufzieht. Das Restaurant mit dem schönen Namen (Pain heißt Brot) liegt in Grenade-sur-l'Adour direkt am Fluß, bei sonnigem Wetter lockt die Terrasse. Ein Hotel mit schön eingerichteten Zimmern gehört dazu. Und eine Küche mit sehr hohem Niveau, voll Phantasie, der Name ist Programm. Garret geht großzügig mit wohlschmeckenden Kräutern um, die er ungewöhnlich kombiniert, etwa fritierte frische Sardellen mit Estragon, oder ein kleiner Kräutersalat zum Hummer.

Enten sind in der Gascogne so beliebt wie Gänse im Périgord. Sie findet man nicht im Wald. Sie laufen dafür durch die Maisfelder und über Wiesen – jedenfalls diejenigen, die den Bauern der Vereinigung *Tradition des Pays Landais* gehören. Diese meist jungen Bauern haben sich zusammengeschlossen, um dem schlechten Ruf der Entenmast etwas entgegenzusetzen. Denn tatsächlich sieht man überall Entenherden auf kahlem Boden eng beieinander hocken, und bei der Mast werden sie meist in enge Käfige gesperrt. Die *Tradition des Pays Landais* hat sich Regeln gegeben: mindestens 5 Quadratmeter Auslauf pro Ente bis zum Alter von 8 Wochen, danach 10; geräumige Ställe während der Mast; sogar Belüftung, Temperatur und Luftfeuchtigkeit sind vorgeschrieben; reine Maisnahrung, keine Antibiotika, erlaubt sind nur eine Cholera-Impfung und eventuell Vitamine. Die Enten sollen gute Muskeln entwickeln und nicht *exzessiv fett* werden.

Die Fettleber selbst ist nicht „exzessiv". Denn diese Tiere sind seit tausenden von Jahren als Wandervögel darauf eingerichtet, sich selbst zu mästen, um große Flugstrecken ohne Nahrung bewältigen zu können. Sie speichern das Fett unter der Haut und in der Leber. Würden sie wirklich losfliegen, würden sie ziemlich mager und mit geschrumpfter Leber im Norden landen. Aber die fetten Hausenten würden gar nicht mehr hochkommen. So haben ja vor tausenden von Jahren die Ägypter das Gänse- und Entenstopfen entdeckt: daß sie die Tiere, die sich zu voll gefressen hatten und nicht mehr starten konnten, nur vom Boden aufzusammeln brauchten. Dabei merkten sie, wieviel Wohlgeschmack in ihnen steckte, und mästeten nun planmäßg selbst.

▽ Entenzüchter Patrick Dussau

▽▽ Entenleber und Confit von Dussau

Einer der Mitbegründer der Öko-Enten-Zucht ist Patrick Dussau in Pimbo, einem kleinen Straßendorf hoch oben auf einem Hügelkamm mit großartiger Aussicht nach beiden Seiten. Es liegt südlich von Geaune. Dussau wohnt rechts an der Hauptstraße, etwa hundert Meter nach der Ortseinfahrt, gleich hinter der kleinen Schule.

Bei ihm kann man nicht nur hervorragende Entenleber kaufen – als Konserve eingekocht, so daß sie mehrere Jahre haltbar ist. Es gibt auch Confit in Gläsern, Brust oder Keule, und alles, was aus den Resten der Ente entsteht: gefüllter Hals, Mägen und Herzen als Confit, und Rillettes, ein sehr leckerer Brotaufstrich aus Fleischresten und Fett, eine Art Entenmett. (Rillettes wird auch aus Gänse- oder Schweinefleisch und sogar aus Hasenfleisch gemacht.)

Seit der Umstellung auf artgerechte Aufzucht habe er mehr Arbeit als früher, sagt er. Die Enten können nicht sehr lange auf demselben Gelände bleiben, er muß seine Herde von der Wiese ins Maisfeld umsetzen und von dort auf die nächste Wiese, muß Zäune ziehen und versetzen. Aber teurer ist es nicht: allein das Geld, das er an Antibiotika spart! Und seine Tiere sind gesund. Ihm sterben keine mehr weg – die Massenzucht rechnet ja automatisch mit einem gewissen Prozentsatz, der eingeht. Trotzdem machen die industriellen Großbetriebe inzwischen etwa 85 Prozent der Produktion aus. Die Enten haben hier, wie auch sonst im Südwesten, deutlich die Schweine verdrängt. Entenschmalz ist wichtiger als Speck. Früher hieß es hier: *Lou que n'a pas un porc, un oustal è un ort, tant baldrio qué souésso mort".* Das ist Gasconisch, kein Dialekt, sondern schon eine eigene Sprache, und heißt: *Wer kein Schwein hat, kein Haus und keinen Garten, der wäre besser gleich tot.* Heute hat, wer einen Garten besitzt, bestimmt ein paar Enten darin.

Ohne Ente geht nichts in der Gascogne. Wer mal gar keinen großen Hunger hat und im Lokal nur einen Salat bestellt, wird sich sehr wundern, wenn es sich dabei um *Salade landaise* handelt: da sind zwar einige Pinienkerne aus den Wäldern der Landes dabei, aber hauptsächlich bedecken nur wenige Salatbläter ein üppiges Arrangement von geräucherter Entenbrust, kaltem Confit oder gar einer mächtigen Portion Entenleber. In der Gemüsesuppe schwimmt ein Entenbein und alles wird in Entenfett gebraten.

So ungesund das zunächst klingt, so gesund ist das anscheinend. Paradox? Als *French Paradox* ist dieser Tatbestand vor allem in die amerikanische Ernährungsforschung eingegangen. Hauptsächlich dort wurden nämlich mit größtem Interesse Untersuchungsergebnisse aufgenommen, nach denen die Franzosen im Südwesten, die doch so viel fette Gänse und Enten essen, bemerkenswert weniger Herzbeschwerden und Infarkte haben als Amerikaner. Das wurde einmal darauf zurückgeführt, daß das Fett dieser Schwimmvögel, ähnlich wie Fischöl, herzverträglicher ist als Butter oder Speck; und andererseits auf den Rotwein, der beiträgt, Cholesterinablagerungen abzubauen. Als vor einigen Jahren amerikanische Zeitungen über das *French Paradox* schrieben, schnellte schlagartig der Verkauf von Rotwein und Foie gras in Amerika in die Höhe.

Wenn man sich doch einmal an Confit, Leber und Entenschmalz überfressen hat, dann ist dafür in dieser Region auch die beste kulinarische Abhilfe geschaffen. *Premier village minceur,* sagt das Schild am Eingang des Ortes Eugénie-les-Bains, *erstes französisches Abmagerungsdorf.* Und das in dieser fetten Gegend! Hier kann man sich von einem der höchstgepriesenen

Köche Frankreichs, Michel Guérard, Diätrezepte kochen lassen, aus seiner berühmten *Cuisine Minceur,* mit der Guérard vor zwei Jahrzehnten neuen Ruhm gewann. Als wir vor langer Zeit zum ersten Mal bei ihm waren, war alles noch unter einem Dach, und während wir genußvoll ein vielgängiges Menu verspeisten, sahen wir am Nachbartisch den Kellner zeremoniell eine Silberhaube vom Teller heben, und darunter erschien – ein Eierbecher mit einem Ei. Vielleicht waren ein paar Kaviarkrümel darauf. Wir sahen das mit Heiterkeit – aber wie sah unser Nachbar uns?
Inzwischen ist das Abmagerungsinstitut in einem eigenen Haus untergebracht, in dem auch immer beängstigende Mengen Kräutertee herumstehen. Die Schlemmerkundschaft bleibt unter sich. Und als drittes hat Guérard, damit die Mageren nicht allzu lange mager bleiben, die altmodisch-rustikale *Ferme aux Grives* eröffnet, mit mächtigem offenen Bratspieß und höchst deftiger Küche zu weniger hohen Preisen. Aber auch mit deutlich weniger hohem Niveau.

Wer ländlich-deftig essen will, ist besser bei *Peyres* in St.-Etienne-d'Orthe aufgehoben, in den westlichen Landes zwischen St.-Vincent-de-Tyrosse und Peyrehorade, wo man in einem sehr preiswerten Menü Aal in Persillade, gebratene Entenleber und dergleichen essen kann. Man muß vorher anrufen, denn besonders außerhalb der Saison kauft die Wirtin nur nach Vorbestellung ein.

△ Etang Blanc nahe Soustons

Weniger oft auf den Tellern sichtbar als Enten, aber doch ein Stolz der Gegend, sind die Rinder, die das Markenzeichen *Boeuf de Chalosse* tragen. Auch das ist eine Vereinigung von Züchtern, die strenge Vorschriften haben, etwa daß ihre Rinder nicht mit Tiermehl gefüttert werden dürfen. Das war zur Zeit des Rinderwahnsinns ein großes Plus – die Käufer vertrauten auf das *Label rouge* und kauften weiter. Der Ort Montfort-en-Chalosse, in dem die Vereinigung ihren Sitz hat, lohnt übrigens schon wegen des Heimatkundemuseums einen Besuch, bei dem man ein altes Bauerngut mit seinen Backöfen, Weinkellern, Gemüsegärten und dergleichen besichtigen kann. Und wer altes Porzellan mag, sollte in der Nähe im Städtchen Samadet das Porzellanmuseum besuchen, das auch neues Porzellan mit dem alten *Samadet*-Muster herstellt und verkauft.
Im April sind die Landes auf allen deutschen Märkten vertreten. Denn der erste wirklich wohlschmeckende weiße Spargel des Jahres kommt von dort. In Frankreich wird eher grüner bevorzugt; daß hier so viel weißer wächst, hat mit dem Export zu tun. Der meiste kommt als *Asperges de Magescq* in den Handel und wächst rund um das gleichnamige Dorf. Ein kleinerer Produzent in der Nähe von St.-Vincent-de-Tyrosse nennt sich

L'Asparagus. Als wir frühmorgens beim Spargelstechen zusahen, sagte er stolz, mittags werde verpackt, nachts führen die Lastwagen, und am nächsten Morgen sei sein Spargel schon auf dem deutschen Markt! Hier können auch Privatleute kaufen, müssen aber mindestens einen Kasten abnehmen.

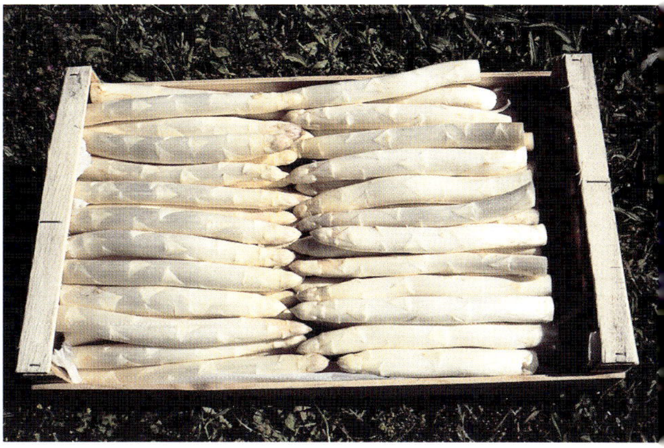

Das Gemüseangebot der Landes ist sonst nicht sehr groß, es wächst ja überall der Mais für Hühner und Enten. Die vortrefflichen Sorten, die hier auf den Märkten angeboten werden, kommen meist aus den Nachbar-Departements.

Auch der Wein ist in den Landes nur schwach vertreten. Im Südosten, nahe der Grenze zum Béarn, haben sich die Winzer des *Tursan* mit der großen Genossenschaftskellerei in Geaune daran gemacht, dieser Appellation etwas vom alten Glanz zurückzuerobern – der Wein existierte schon zur Römerzeit und wurde im Mittelalter nach England exportiert.

Tursan ist ein leichter Wein, rot, rosé und weiß. Er ist im Aquitaine sehr verbreitet, wozu sein bescheidener Preis beiträgt. Der Weiße entsteht hauptsächlich aus der seltenen, einheimischen Rebe Barroque mit kleinen Zugaben von Sauvignon und Gros Manseng. Der Rote und der Rosé aus Tannat, Cabernet und Fer Savadou.

◁ Michael Guérards Weingut Château Bachen

Unter den verschiedenen Sorten fanden wir den roten *Carte Noire* am besten. Die stolzere *Cuvée de l'Impératrice* war mit ihrem Roten der Carte Noire bestenfalls ebenbürtig. Rosés und Weiße wirkten ziemlich stählern.

Michel Guérards Restaurant liegt am Rande des Tursan, so ist Guérard auch Weinproduzent geworden. Sein *Château de Bachen* (ein paar Kilometer von Eugénie-les-Bains in Duhart-Bachen) erzeugt weit überdurchschnittlichen Tursan, den mächtigen und barriquebetonten *Baron de Bachen* und einen leichteren, frischeren *Château de Bachen,* den man in Lokalen der oberen Gastronomie finden kann, nicht nur im Südwesten Frankreichs. Wir tranken ihn zum ersten Mal in England – bei Paul Heathcote in Longridge, nahe Liverpool, einem der berühmtesten englischen Restaurants, fanden ihn aber auch in anderen guten Lokalen außerhalb Frankreichs. Dieser Wein ist natürlich nicht so billig wie der Tursan-Genossenschaftswein. Aber der hat nach unserer Meinung die Qualität der benachbarten Lagen des Béarn auch noch nicht erreicht.

Wenn man vom Tursan nach Osten fährt, hören die Weinberge keineswegs auf. Hier wachsen andere Reben, Hauptsächlich Ugni blanc (anderswo St. Emilion genannt), Colombard und *Baco 22 A,* eine Kreuzung aus der traditionellen Folle Blanche und der amerikanischen Noah, dazu noch einige andere in kleinen Mengen. Die Landschaft ist hier gar nicht mehr so sehr durch Straßen für Autos „erschlossen". Wäldchen, Flüsse und Bäche, hübsche Täler zwischen reichlich Hügeln bringen freundliche Abwechslung, alte Dörfer und Städtchen signalisieren Geschichte, dazwischen sieht man auch viel Weizen und Mais.

Die Menschen hier fühlen sich im Herzen der Gascogne. Sie sind auf zweierlei besonders stolz: eben auf ihre Vergangenheit und auf das, was sie aus ihren Weinfeldern machen: Armagnac. So hieß bis früh im 18. Jahrhundert eine Grafschaft.

Hier ist die Heimat der *Musketiere,* die Alexandre Dumas berühmt gemacht hat und die heute sehr für Werbezwecke genutzt werden, mit dem kühnen d'Artagnan, dessen Denkmal fast genau im geographischen Zentrum des Armagnac steht, in der Stadt Auch. Junger Armagnac gilt ja als wild und feurig – keine Angst! So sehr beißt er nicht. Geboren wurde d'Artagnan am Südrand des Gebietes, im Schloß Castelmore bei Lupiac, etwa um 1615. Das genaue Jahr steht nicht fest. Und dann machte er eine tapfere Karriere eben bei den Musketieren, der mit den damals neuen Musketen bewaffneten Kompanie, die zunächst Schutzwache des Königs war, später als besonders wagemutige Truppe in den Feldzügen kämpfte. D'Artagnan, mit richtigem Namen Charles de Batz, fiel 1674 während einer der Kampagnen Ludwigs XIV. in Holland. Für die Leute vom Armagnac ist er der Nationalheld. Ob er welchen getrunken hat – den gab es schon, als den ältesten Weinbrand der Welt überhaupt – weiß man nicht.

Heute sind, wie gesagt, nicht nur die Musketiere dank zahlreicher Reklamesprüche noch immer in aller Munde. Eine stämmige Fernsehköchin, Maïté, die mit überaus deftigen, von Fleisch und Fett geradezu überbordenden Rezepten südwestlicher Hausmannskost berühmt wurde, hat auch noch die *Cuisine des Mousquetaires* berühmt gemacht; sie selbst hatte ein Lokal in den Landes, nicht weit von hier.

Um die Folgen zu lindern, die auf gastronomische Exzesse zurückzuführen sein mögen, könnte man die Thermalbäder der Gegend aufsuchen, etwa Barbotan-les-Thermes nahe von Mont-de-Marsan.

Das Städtchen Auch ist nicht der Mittelpunkt, was die Armagnac-Qualität anbelangt. Aber wenn man keine Zeit oder Lust zum Besuch einzelner Produzenten hat, die überall reichlich ausgeschildert sind, kann man dort im *Hotel de France* umfangreiche und hervorragende Probiermöglichkeiten finden. Das Hotel und sein Restaurant führt André Daguin, einer der großen und bekannten Armagnac-Spezialisten und -Händler in der französischen Gastronomie, aber auch der Koch, der vor einigen Jahrzehnten den *Magret de canard* in Mode brachte, das im Lauf der Zeit und immer weiterer Verbreitung in immer dünnere Scheiben geschnittene Bruststück der Ente.

▽ Armagnac-Auswahl bei Hélène Darroze

Bis 1997 war Daguin in den Restaurantführern ein Star. Doch seit er anfing, die vertrauten traditionellen Gerichte der Region durch *modernisierte* zu ergänzen, waren die Inspektoren nicht mehr so einverstanden. Ein vortreffliches Lokal ist es geblieben, und in unserem Zusammenhang ist seine große Armagnac-Auswahl wichtiger, die einem viele Erkundigungen und Proben draußen spart.

Das wahre Qualitätsherz des Armagnac, jedenfalls was kleine Produzenten anbelangt, liegt weiter westlich zwischen Eauze, sozusagen der Verwaltungshauptstadt dieser vortrefflichen, im Gegensatz zum Cognac eher rustikalen Destillate, in einem Streifen zwischen den Orten Créon d'Armagnac (nicht weit von Barbotan-les-Thermes), Labastide d'Armagnac (besichtigenswertes Dorf mit schönem Innenplatz) und Arthez als Obergrenze und im Süden Le Houga, etwa ein Dutzend Kilometer nordöstlich von Aire-sur-l'Adour. Hier, wo es weniger hügelig und dafür sandiger ist, sind wir in dem Gebiet *Bas-Armagnac,* das als bestes gilt und auch auf den Flaschen vermerkt steht. Guter entsteht aber natürlich auch in den anderen: *Ténarèze* um die Stadt Condom herum, wo sich das Armagnac-Museum befindet, und, wenn auch am wenigsten, im großen Umfeld von Auch, *Haut-Armagnac.*

△ Armagnac-Schrank im Ithurria in Ainhoa

Der fertige Bas-Armagnac, als bester leichter zu exportieren, wurde im 18. Jahrhundert in Eichenfässern auf Ochsenkarren verladen und in die Nähe von Mont-de-Marsan zum Adour gekarrt, zu weiterem Transport zum Seehafen nach Bayonne.

Der beschriebene Streifen, grob ein Dreieck mit südlicher Spitze, führt zu einem weiteren großen Namen des Armagnac: Darroze. Francis Darroze rettete hier kleine Winzer, die dem üblichen gewaltigen Sog großer Firmen zu erliegen drohten, indem er ihre Weine kaufte, selbst destillierte, abfüllte und lagerte. Das Lager findet man in seinen Chais in Roquefort, etwa ein Dutzend Kilometer nordwestlich von Labastide, etwa zwanzig Kilometer nordöstlich von Mont-de-Marsan. Es dürfte eines der bedeutendsten von altem Armagnac sein.

Auch hier trifft sich günstig, daß man die guten Brände ja am besten nach einem guten Essen probieren und genießen kann. Darroze-Tochter Hélène Darroze ist Hotel- und Restaurant-Chefin im nun nach ihr heißenden Unternehmen im nahen Villeneuve-de-Marsan, das Ende 1998 ein paar Kilometer nach Süden umziehen sollte, entlang der D 934 zum *Moulin d'Armagnac.* Wir kennen das Lokal wegen des kräftigen Lobes der Restaurantführer. Bei unserem letzten Besuch lobten wir ein bißchen zögernd, vielleicht waren es nur vorübergehende Schwächen. Doch die Armagnac-Auswahl in großen bauchigen Flaschen imponierte. Sozusagen flüssige Goldstücke von kleinen Produzenten, veredelt von einem großen Könner.

Über den Westrand des Armagnac wollen wir die Gegend weiter im Osten nicht vernachlässigen. In Eauze, einem pittoresken Städtchen, ist nicht nur das offizielle Verwaltungszentrum, das *Bureau National.* Hier kann man sich auch überzeugen, daß die großen Armagnac-Häuser ebenfalls sehr guten produzieren. Die kleinen Winzerbetriebe verkaufen ja nur etwa fünf Prozent der jährlichen Gesamtmenge. Als Aperitif oder Getränk ohne besonderen Anlaß erzeugen die Winzer auch *Floc de Gascogne:* frischen Traubensaft der Gegend mit Armagnac, zusammen wie dieser sonst auch in Eichenfässern gereift. Floc entspricht dem *Pineau des Charentes* beim Cognac.

In der Nähe von Eauze besuchten wir die Destillerie mit den größten Vorräten, das Unternehmen *Marquis de Caussade,* das zur Gruppe CCG mit Sitz in Cognac gehört. Den vortrefflichen alten Armagnac des Hauses kannten wir schon; die freundlichen Gastgeber ließen uns wieder einmal ein hervorragendes Beispiel der hiesigen Gastronomie genießen. Im Gastraum neben der Destillerie brannte hinter einem gewaltigen, schräg-aufrechten Grill ein Holzkohlenfeuer. Als es zusammengesunken war, steckten der Koch und ein Mitarbeiter in Windeseile mächtige Stücke von Entenlebern darauf; wir waren acht Personen. Nach kurzer Zeit wurden sie abgenommen, auf eine Platte gelegt und dort, wir trauten unseren Augen kaum, mit kleinen, altmodischen, eisernen glühenden Bügeleisen kurz weitergebräunt, dann serviert. Sie waren noch immer zart und saftig, die Prozedur hatte ihnen einen noch besseren Grillgeschmack verliehen.

Dazu gab es guten Rotwein – ganz im Stil des *French Paradox,* danach Entenherzen in einer wundervollen Weinsauce, fast Suppe, und zwischendurch, ebenso wie vor- und nachher, natürlich Armagnacproben. Der Koch... war niemand anders als der Destilliermeister. „Deswegen habe ich ihn angestellt", sagte der Direktor zufrieden, „ein erstklassiger Brennmeister ist er natürlich auch".

MAGRET FUMÉ AUX PRUNEAUX
ENTENBRUST MIT BACKPFLAUME

Je einen Streifen geräucherte Entenbrust um eine (entkernte) Backpflaume wickeln; mit Zahnstocher feststecken. Zwei Minuten in den heißen Backofen schieben.

SOUPE D'HARICORTS BLANCS ET POTIRON
BOHNEN-KÜRBIS-SUPPE

500 g weiße Bohnen
4 Karotten, 1 große Zwiebel,
3 Knoblauchzehen
Kräuterstrauß, Salz, Pimentschote
500 g Kürbis, 250 g Kartoffeln
1 oder 2 Stück Entenconfit

Bohnen einweichen, abgießen. In 3 Liter kaltem Wasser aufsetzen, zum Kochen bringen, abschäumen. Karotten, Zwiebel, Knoblauch hacken und beifügen, auch das Kräutersträußchen.
Nach 2 Stunden gewürfelten Kürbis und Kartoffeln zufügen, salzen, nach Geschmack mit Piment d'Espelette (siehe Kapitel *Baskenland*) würzen, noch eine halbe Stunde kochen. In der letzten Viertelstunde das Entenconfit in den Topf geben.

HURE DE SAUMON
LACHSSÜLZE

Für 8 Personen:
500 g Lachsfilet, 3 Eier, 2 Zitronen
80 g rote halbscharfe Piments
(„Piquillos") aus dem Glas
2 Schalotten, je 1 EL Petersilie, Kerbel,
Estragon, 30 g grüner Pfeffer
etwas Fischfond und Weißwein
Für das Gelee:
8 Gelatineblätter, 1/2 l Fischfond
1/4 l Weißwein, 1/4 l Wasser

Gelee zubereiten: Gelatine in etwas Wasser einweichen, in der Mischung aus Fond, Wein und Wasser durch kurzes Kochen auflösen. Flüssigkeit kalt werden lassen, bis sie fast geliert.
Lachs in 3 cm dicke Streifen schneiden, kurz in Fond und Wein pochieren (3 Minuten).
Zitronen, Eier, Schalotte schälen und kleinschneiden. Piquillos würfeln und die Kräuter hacken.
In eine Schüssel einen dünnen Spiegel aus Gelee gießen, darauf eine Schicht von Lachs und all den anderen Zutaten legen, mit Gelee angießen, im Kühlschrank steif werden lassen. Dann mit der zweiten Schicht ebenso verfahren, und so weiter, bis alle Zutaten verbraucht sind.
Über Nacht im Kühlschrank fest werden lassen.
Mit einer Sauce aus gehackten frischen Tomaten oder einer Kräuter-Joghurt-Sauce servieren.

CASSOULET LANDAIS
BOHNENEINTOPF AUS DEN LANDES

Für 8 Personen:
500 g weiße Bohnen, 300 g Bauchspeck
ein Stück Schweineschwarte
1 Knoblauchmettwurst
4 kleine geräucherte Würstchen
(saucisses de campagne)
60 g Entenfett, 800 g Entenconfit
4 große Tomaten, 1 Karotte, 3 Zwiebeln,
Kräuterstrauß, Nelken, 1 Knolle Knoblauch
Paniermehl oder Semmelbrösel

Bohnen über Nacht einweichen. Mit Karotte, einer Zwiebel, Kräutern, Nelken, Schweineschwarten, Speck und dem Knoblauch aufsetzen und eine Stunde kochen. Würste zufügen, langsam noch anderthalb Stunden weiter köcheln lassen.
Zwei Zwiebeln in Entenfett anschwitzen, Entenconfit in Stücke schneiden und zugeben, sowie die geschälten und entkernten Tomaten. Alles zu einem dicken Ragout einkochen.
Entenragout in die Bohnen geben. Abschmekken, ob noch Salz fehlt (Speck und Würste sind ja salzig). Mit Paniermehl bestäuben, ein paar Flocken Entenfett daraufsetzen, und das Ganze im Ofen überbacken.

PASTIS LANDAIS
KUCHEN AUS DEN LANDES
Rezept von unserer Nachbarin
Sandrine Tauziet aus Tosse

5 Eier, 270 g Zucker
215 ml Joghurt, 90 ml Öl,
2 EL Ricard, 400 g Mehl,
15 g Hefe, aufgelöst in 2 TL Milch,
etwas Salz

Eigelb und Eiweiß trennen. Eigelb mit Zucker cremig rühren, Joghurt und Öl, dann Ricard zufügen, alles gut vermengen. Mehl und aufgelöste Hefe zugeben und alles zu einem glatten Teig kneten.
Eiweiß zu Schnee schlagen, vorsichtig unter den Hefeteig heben.
Eine Form ausbuttern und den Teig bis zur Hälfte einfüllen (er geht in der Form noch auf). Eine Stunde bei kleiner Hitze backen (Thermostat 4), dann noch 20 Minuten bei mittlerer Temperatur (Th. 5-6, ca. 170 Grad C).

Seit der Steakwelle in Deutschland und Frankreich (wo sie nicht mehr aufgehört hat) bald nach dem Zweiten Weltkrieg war es in vielen deutschen Lokalen geradezu unmöglich, der Sauce Béarnaise zu entgehen. Die Steak-Fanatiker wollten gesund leben, am liebsten abnehmen. Wenn sie sich *Béarnaise* dazu bestellten, ahnten sie vermutlich nicht, was das für eine Kalorienbombe war (siehe das Rezept am Schluß des Kapitels). Ahnten wir, wo sie herkam, mit dem seltsamen Namen?

Aus dem Béarn natürlich, jenem heiteren, schönen, abwechslungsreichen, kulinarisch höchst ergiebigen Ländchen im Südwesten Frankreichs, nahe den Pyrenäen, das ein wichtiger Bestandteil der gesamten verlockenden Gegend ist.

BÉARN

◁ Das Schloß von Henry IV. in Pau

◁◁ Pic du Midi

Jene Sauce dürfte der berühmteste Exportartikel (als Rezept natürlich) des Ländchens sein. Merkwürdigerweise haben wir sie an Ort und Stelle in den Restaurants gar nicht so oft auf der Speisenkarte gesehen, freilich auch nicht so sehr auf Steaks geachtet, sondern auf andere Fleischspezialitäten. Mancherorten gibt es jedoch auch gutes Rind – warum sollte das Land sonst in seinem alten Wappen zwei Kühe zeigen? Die Pyrenäenrinder, die teils Basken teils Béarnais gehören, zählen zur gleichen Rasse, die je nach Standort baskische oder béarnesische heißt und die für gutes Schlachtfleisch bekannt ist.

Aus dem Béarn kommt mindestens ein weiteres Gericht, das weltberühmt geworden ist, und zwar durch seinen historischen Zusammenhang: das Huhn im Topf. Béarn war im Mittelalter eine Grafschaft unter wechselnden Herren, teilweise auch Herrscherinnen. Die Béarnais, die ihre eigene Sprache haben, eine Abart von gasconisch oder okzitanisch, waren sehr auf Unabhängigkeit und ihre Freiheiten bedacht. Dort herrschte in den Tälern von Aspe und Ossau im Mittelalter eine Bauerndemokratie, unabhängig von Feudalherren. Mehrere französische Könige gönnten den Béarnais daher Autonomie, als das Land Bestandteil Frankreichs geworden war. 1620 wurde ihnen sogar ein eigenes Parlament zugestanden. Diesen Sonderstatus bewahrten sie bis zur französischen Revolution. Als Verwaltungsprovinz dauerte er noch einige Zeit weiter. Die Hauptstadt ist seit Jahrhunderten Pau, heute Hauptstadt des sich über das baskische Gebiet bis zum Meer erstreckenden Departements Pyrénées Atlantiques; der englischen Besatzung nach den napoleonischen Kriegen verdankt sie Verschönerungen durch Parks und Gärten und den ersten Golfplatz Europas. Die Lokale entlang dem Boulevard des Pyrénées bieten ungleichmäßig gute Küche, aber dafür bei schönem Wetter herrliche Aussicht auf die Berge.

In Pau steht das Schloß, in dem Henri (Heinrich) IV. von Navarra geboren wurde, der letzte Graf von Béarn. Es kann besichtigt werden, aber die ganze Innengestaltung des Schlosses wurde im 19.Jahrhundert erneuert. An Heinrich erinnert nur noch seine Wiege, eine Schildkrötenschale. 1589 wurde er König von Frankreich, ebenfalls als Henri IV. Er wird als der *gute König* erinnert, nicht nur in seiner Heimat, der er viele Freiheiten ließ.

△ Henri IV.

Der Erzbischof von Paris schrieb 1644, er habe den König zum Herzog von Savoien sagen hören: „Ich will dafür sorgen, daß es keinen Landmann in meinem Königreich gibt, der es sich nicht leisten kann, sonntags ein Huhn in seinem Topf zu haben".

Das Versprechen hat er wohl nicht halten können, aber seither ist eines der unzähligen Huhnrezepte, die es gibt, zum *Huhn Henri IV.* geworden, ein gekochtes, besonders mächtiges, wie es sich die Bauern (Städter auch!) damals gewünscht haben mögen, denn erstens ist es gut gefüllt mit Schinken und Kalbfleisch, zweitens wird eine gehörige Portion gekochtes Rind mit Mark dazu gegessen.

An Schafen ist das Béarn ebenso reich wie das Baskenland. Die Rasse *béarnaise* gibt besonders viel Milch – aus der entsteht ebenso guter Brebiskäse wie bei den Basken. Die Bearnais essen ihn nicht gern so abgelagert und hart wie die benachbarten Basken, sondern lieber jünger, also weicher. Käsehändler auf Märkten im Aquitaine haben meist eine große Auswahl von beiden und lassen auch gern probieren.

Die Schafe weiden im Béarn in den Bergen um die Flußtäler von Aspe und Ossau. Dort führt auch die berühmte *Käsestraße,* la Route du Fromage, entlang, die aus dem Baskenland kommt. Wie sollte es da nicht ein Käsefest geben? Es findet Mitte Juli in Accous statt, ziemlich weit südlich von Oloron. Am Ende der beiden Täler ragt fast 3.000 Meter hoch der Pic du Midi empor.

Im Tal von Ossau fließt der ziemlich mächtige Gave d'Oloron. Man verdankt ihm gute Forellen und andere Flußfische – aber im Frühjahr, bis zum Juli, schwimmen da auch Lachse. Dann findet dort, den Fluß entlang auf einer Strecke von etwa zwanzig Kilometern, nichts geringeres statt als eine „Weltmeisterschaft" im Lachsangeln – nach strengen Regeln, sowohl für Touristen als auch für Einheimische. Wer gut fängt, kann/muß seinen Fisch an einer von vier wartenden Wiegestationen vorführen. Natürlich darf er/sie ihn behalten. In Pau wartet die „offizielle" Räucherei, um den Fang der Teilnehmer kostenlos zu räuchern. Daß Lachs aus den südwestlichen Gewässern Frankreichs köstlich schmeckt, bewies uns Firmin Arrambide in St.Jean-Pied-de-Port („Les Pyrénées"), bevor wir das Championnat entdeckt hatten. Seiner war aus dem Adour.
In speziellen Gummihosen, die bis unter die Achseln reichen, stehen die Wettangler dann mitten im Strom, werfen ab und zu ihre Angel in eine andere Richtung, und warten geduldig. Und Geduld braucht man, denn so zahlreich sind die Tiere hier nicht mehr. Der Rekordmann fing einen von 19,5 Kilo!
Auskünfte über Daten, Unterkunft, Preise geben die Touristenbüros von Navarrenx, Oloron-Sainte-Marie, Salies-de-Béarn und Sauveterre-de-Béarn. Navarrenx ist eine Bastide aus dem Mittelalter und lohnt sehr eine Besichtigung. Oloron ist nicht nur am Lachs interessiert. Auch hier gibt es, im September, eines der zahlreichen Feste, mit denen in französischen

Orten bestimmte Speisen gefeiert werden, und wer in der Nähe ist, sollte sich von der fröhlichen Atmosphäre einfangen lassen und kosten. Hier ist es das Fest der *Garbure,* jener sehr substantiellen Suppe aus Gemüsen mit Fleisch.

Auch Salies-de-Béarn hat von je her zur Gastronomie der gesamten Gegend beigetragen: Hier wurde schon früh Salz gefördert. Es wurde aus dem Flüßchen Saleys gewonnen, das die Stadt durchfließt und sich aus salzhaltigen Quellen nährt. Eine seiner wichtigsten Aufgaben war (und ist) das Einsalzen des Bayonne-Schinkens. So findet auch jedes Jahr am zweiten September-Wochenende ein Fest des Salzes statt.

Diese alte Salzstadt sollten Sie ein bißchen durchwandern, die pittoresken Gassen lohnen, und ein Salzmuseum gibt es auch. Heute ist Salies ein Ort für Thermalkuren, für Leute, die für ihre Gesundheit nicht nur mit dem „French Paradox" sorgen wollen. Das zentrale Thermalbad ist vielen anderen französischen in einem wichtigen Punkt überlegen: um seine Glieder in warmem oder heißem Wasser entspannen zu können, braucht man hier nicht einen Badearzt zu bezahlen – und vorher in seinem Vorzimmer auf eine „Konsultation" zu warten. Man braucht nur eine Eintrittskarte.

Nachher, oder auch überhaupt, kann man auf der Terrasse von *La Terrasse* unter Bäumen zentral und vergnüglich sitzen, mit Blick auf den Saleys, der allerdings häufig fast leer ist, und im Freien essen und trinken, das oft vorhandene gute Wetter vorausgesetzt. Man sieht das Lokal von der Hauptstraße. Die nette Atmosphäre, auch im Inneren, tröstet über Unebenheiten der Küche hinweg. Menu nehmen, es ist preisgünstig! Die Hausmacherküche bietet keine Sensationen, ist aber durchaus befriedigend, zu erfreulich niedrigen Preisen. Einige Zeit, nachdem wir einmal nicht so zufrieden waren, kamen wir wieder vorbei; es war innen gerammelt voll. Wir fragten ungeniert – in Frankreich geht das immer – einen Herrn, der gerade aus dem Lokal kam und etwas aus seinem Wagen holte, wie denn die Küche sei. Er antwortete, sein Unternehmen halte hier regelmäßig seine Jahresversammlungen ab, und das Essen sei immer in Ordnung.

Wenige Kilometer südlich liegt Sauveterre, das schon deswegen zu besuchen lohnt, um den herrlichen Blick ins Tal genießen zu können. Die Küche der örtlichen Restaurants genügt bescheidenen Ansprüchen, aber oft haben sie Terrassen mit dieser wunderschönen Aussicht.

▷ Salies-de-Béarn

OUSTAÜ
DOU
SALEYS
EXPOSITION

Nicht weit von Salies, ganz im Herzen des Béarn und inmitten von viel Mais, bietet im Dörfchen Castagnède *La Belle Auberge* zu moderaten Preisen eine verblüffend große Auswahl regionaler Speisen (gelungener!), die man im Sommer unter schattigen Bäumen genießen kann. Bei unseren Besuchen war es immer voll von französischen Gästen, was für sich spricht. Man kann auch übernachten, zur Wahl stehen acht einfache Zimmer.

Das Béarn hat das Pech, daß sein Name im allgemeinen Sprachgebrauch fast untergegangen ist. Eigentlich müßte es so bekannt, ja berühmt sein wie das Bordelais: seine Landschaft ist viel schöner, und es ist eine bedeutende Weingegend. Der Weinbau ist hier mindestens so alt, wenn nicht älter, wie im östlichen Teil des Bordelais, und die Weine sind den meisten dort ebenbürtig. Einige sind sogar im Begriff, auch die besten Bordeaux-Weine einzuholen – zu wesentlich günstigeren Preisen. Daß man unter Weinliebhabern nicht ebenso hochachtungsvoll vom Béarn spricht wie vom Bordelais, liegt an einer denkbar traurigen, materiellen und politischen Entwicklung in ziemlich junger Vergangenheit.

In alter Zeit gab es keinen Grund für Mitleid. Wilder Wein existierte hier schon in prähistorischer Epoche, in der Jungsteinzeit. Kultivierten brachten Griechen, Weinbau entwickelten Römer. Ende des 1. Jahrhunderts gab es eine Unterbrechung: der römische Kaiser Domitian verbot jeglichen Weinbau außerhalb Italiens. Kaiser Probus hob das Verbot im Jahre 276 auf, was ihm den Dank der westeuropäischen Weinwelt sicherte – aber seine Soldaten brachten ihn um, als er befahl, sie sollten im Weinberg arbeiten.

Nach dem 6. Jahrhundert brachten die Mönche in den Benediktiner-Abteien wesentliche Fortschritte. Sie brauchten bekanntlich Meßwein, wollten keinen schlechten und bedachten dann auch den eigenen Durst nicht eben geizig. Nach dem 10. Jahrhundert kamen andere Orden hinzu. Mitte des 18. Jahrhunderts war der Wein des Béarn über die Grenzen Frankreichs hinaus bekannt. Er wurde über den Hafen von Bayonne exportiert, hauptsächlich nach England, Holland und in die Hansestädte. Dabei hatte er ein gewaltiges Handicap: Bis Ende des 18. Jahrhunderts durften die Weine des Südwestens erst ins Ausland verkauft werden, wenn das Bordelais seine Bestände losgeworden war. Das war das *privilège bordelais.*

Die Blütezeit währte bis ins 19. Jahrhundert. Dann kam die Katastrophe. Nicht nur vernichtete die Reblaus (Phylloxera) fast alle europäischen Weinfelder; der Wiederaufbau war mühsam und langwierig. Im Vorland der Pyrenäen verdrängte der Eisenbahnbau, der ohne Rücksicht auf die Weinfelder betrieben wurde, den Wein aus den bergigen und hügeligen Gebieten, in denen er mit geringerem Ertrag höhere Qualität erreicht hatte, in die tieferen und ebenen, wo nun der Massenanbau mit hohem Ertrag und geringer Qualität begann. Hauptsächlich war es ordinärer Roter, der durch Dazumischen algerischen Weines „verbessert" wurde. Die meisten traditionellen Rebsorten gerieten in Vergessenheit und wurden durch vieltragende von geringerem Geschmackswert ersetzt, die besten Weinböden waren aufgegeben.

Die Weine des Béarn verloren ihren guten Ruf. Der Name verschwand von den Weinkarten der Restaurateure und Geschäfte außerhalb seiner engen Heimat. Durch die administrative Einteilung des Landes in Departements war er ohnehin amtlich verborgen. Das hieß erst *Basses Pyrénées,* heute *Pyrénées Atlantiques.*

Die Wendung kam erst Mitte des 20. Jahrhunderts. Pariser Wirte servierten wieder *Rosé de Béarn* gegen den Durst oder zu sehr scharfen Speisen, besonders beliebt wurde er zur gepfefferten Kost in Antillenlokalen.

▽ Weinfelder bei Maumusson

Eine junge Generation von Winzern war an die Arbeit gegangen, viele in Genossenschaften, einige als Einzelgänger. Sie rissen die Rebstöcke der Massensorten heraus, suchten geeigneteren Boden, pflanzten traditionelle Rebsorten an, beschränkten den Ertrag pro Hektar. Sie schafften es, bessere Weine zu erzeugen, und bewerkstelligten damit die Wiederauferstehung einer ganzen Weinregion.
Der Name *Béarn* war freilich für weitaus die meisten Weine nicht zu retten. Zu fest eingeführt, zu gut auch waren die einzelnen *Appellationen* im Béarn geworden: **Madiran** – mit dem weißen **Pacherenc du Vic Bilh** gleichfalls in dieser Rotweinzone – um den gleichnamigen Ort herum südlich des Adour im Nordosten der Stadt Pau – **Jurançon,** westlich und südlich von Pau auf den Hängen am linken Ufer des Gave de Pau – der Béarn-Rest, erst seit 1975 eine *appellation contrôlée* zwischen den Flüssen Gave de Pau und Gave d'Oloron um Orthez und Salies-de-Béarn herum: hauptsächlich Rosé und einige Rotweine, dazu trockene oder halbtrockene Weiße.
Etwas nördlich und westlich vom Béarn wächst auch noch sehr Trinkbares. Stark im Kommen, auch in der Qualität, ist das Nachbargebiet des Madiran entlang dem Adour, wenn es auch vorläufig noch etwas geringer eingestuft ist: die **Côtes de Saint-Mont** (*Appellation d'Origine – Vin délimité de Qualité supérieure,* der zweite Teil oft abgekürzt als VDQS). In der Tat eine Gegend für Wein-Schnäppchen.

▷ Weinberg im Jurançon

Südwestlich Pau liegt also das Jurançon, um die gleichnamige Stadt herum, mit dessen Wein König Heinrich IV. in seiner Geburtsstadt, eben Pau, getauft wurde. Dem Kind wurde der Mund mit Knoblauch und Jurançon eingerieben – was man damals für eine gute Vorbeugung gegen Pest hielt.

Die Weine wachsen durchschnittlich in einer Höhe von 400 Metern, die höchsten Weinberge Frankreichs. Offiziell als Jurançon zugelassen sind nur Weißweine; Rosés und Rote von dort müssen „Béarn" genannt werden. Ein Viertel der Produktion ist süß, vornehmer *moelleux* genannt, *lieblich, mild,* wie Sauternes oder deutsche Spätlesen. Dieser Wein kann gut 15 bis 20 Jahre altern. Drei Viertel der Produktion sind trocken, meist frisch und gehören zu den preiswertesten ordentlichen bis sehr guten Weißweinen überhaupt. Ihre Rebsorte: Gros Manseng. Die der süßen: Petit Manseng. Dazu Courbu, Camaralet und Lauzet, die eine würzige Note bringen.

Unter den Süßen sind besonders hervorragende Produzenten die *Domaine Cauhapé* (Henri Ramonteu) und *Domaine Bru-Baché* in Monein. Unter den Trockenen glänzen *Charles Hours* in Monein und *Clos Lapeyre* (Jean-Bernard Larrieu) in La Chapelle-de-Rousse. In Gan (8 km von Pau) haben die Produzenten eine *Cave* eingerichtet, wo Touristen probieren und kaufen können; dort kann man auch Besichtigungen vereinbaren.

Weiter westlich, ziemlich isoliert, liegt das Weingebiet, das als einziges noch Béarn heißt, bei Orthez und Salies-de-Béarn. Nördlich von Salies haust eine große Kooperative in Bellocq, in ein paar Minuten über die Autobahn zu erreichen und mit ihren leichten Weinen in der Umgebung sehr erfolgreich. Uns aber gefielen besonders die Weine einer Winzerfamilie, die ihre Domäne am Ortsrand von Salies-de-Béarn hat, *Lapeyre Frères.*

In dem von der Straße her klein wirkenden Anwesen würde man gar nicht so ergiebige Weinlager vermuten. Hier gibt es sehr guten samtigen Rotwein (Tannat und Cabernet), der gut altert, auch Weißwein und Rosé, die wir nie probiert haben, weil wir gleich beim Roten hängen blieben. Den findet man, immer ein gutes Zeichen, auch in Lokalen des Ortes und der weiteren Umgebung. Das besondere an dieser Winzerfamilie war, daß sie ihren Wein direkt an abholende Kundschaft verkauft und auf diesem Weg tatsächlich die gesamte Produktion absetzt. Als wir zum ersten Mal kamen, wurden wir auch gleich auf andere deutsche Kunden angesprochen.

Die Weine werden unter zwei Etiketten angeboten: der leichtere, billigere als *Domaine du Guilhemas*, der substantiellere, dessen roter im Eichenfaß gereift ist, als *Domaine Lapeyre.* Im Vergleich zu anderen Lagen war der rote *Lapeyre* für uns so ziemlich der preiswerteste der ganzen Gegend.

Etwa 40 Kilometer nördlich von Pau, in hügeliger Landschaft zwischen der Stadt und dem Adour, haben enthusiastische Winzer das Weinbaugebiet des Madiran, das Mitte des 20. Jahrhunderts auf etwa ein halbes Hundert Hektar geschrumpft war, zu einem regelrechten Erfolgserlebnis gemacht – mit hochwertigem rotem Qualitätswein! Auch hier die alte Geschichte des Niederganges – Anbau schon im 3.Jahrhundert, wie bei Grabungen gefundene Mosaikbilder bezeugen, im 11. Jahrhundert Aufschwung, als Benediktinermönche die Abtei Madiran gründeten; seit dem 12. Jahrhundert war Madiran ein Exportschlager Richtung England und Nordeuropa gewesen; Anfang des 19. Jahrhunderts hatte er eine Fläche von 1400 Hektar erreicht. Jetzt sind es schon wieder so viel, davon 1200 in Produktion. Es war das Werk einer Kooperative *Cave de Crouseilles* und einiger dynamischer Produzenten. Insgesamt erzeugen sie zwischen 9 und 10 Millionen Flaschen im Jahr. Die Rebsorten: Tannat, Cabernet Sauvignon und Cabernet Franc, Fer Servadou (auch Pinenc genannt).

Gut ausgebauter Madiran ist ein robuster, sehr lange lagerfähiger und nach einigen Jahren immer eleganterer großer Wein, dessen Elite leicht den Vergleich mit großen Bordeaux aushalten kann.

Im gleichen Gebiet wächst eine kleine Menge des zu Unrecht bei uns fast unbekannten weißen Pacherenc du Vic-Bilh, der wie Jurançon teils trocken, teils süß ausgebaut wird, meist von den Häusern, die Madiran produzieren. Die Rebsorten sind Arrufiat, Petit und Gros Manseng, Courbu, Sauvignon und Semillon. Zu den besten Produzenten des trockenen Weißen gehört Alain Brumont (*Montus* und *Bouscassé* in Maumusson), aber berühmter ist er geworden, weil er mit soliden, feinen, langsam reifenden Rotweinen dieser beiden Châteaux in den letzten Jahren dem Madiran einen gewaltigen Qualitätssprung nach oben bescherte. *Château Montus* reift acht bis sechzehn Monate in neuen Eichenfässern, die dann drei weitere Jahre für Bouscassé benutzt werden. Die Weine erreichen ihren Höhepunkt des Geschmacks nach etwa zehn Jahren, wenn sie auch schon vorher sehr gut schmecken. Inzwischen produziert Brumont auch in einer neuen Lage, *Meinjarre,* einen Wein, der wesentlich leichter ist als die beiden anderen und billiger.

▷ Im Château Montus

▷▷ Faßlager im Château Montus

BI
L021

Den Grundstein legte sein Vater Alban Brumont, der in den fünfziger Jahren den Besitz wieder in Gang brachte und neue Rebsorten pflanzte. Alain übernahm 1978; der Schwung der Brumonts hat auch die anderen Produzenten mitgerissen. Als wir dieses Buch schrieben, verschönerte Brumont gerade das schon mit modernsten Installationen ausgestattete Château Montus, das bis zur Fertigstellung noch kein Publikum aufnahm; es liegt eine halbe Autostunde von Bouscassé entfernt in Castelnau-Rivière-Basse. Probieren und kaufen kann man aber alles im Château Bouscassé.

△ Monsieur Alain Brumont

Zu den besonders vortrefflichen Madirans beziehungsweise ihren Produzenten gehören Aydie (im Ort gleichen Namens), Capmartin, Chapelle Lenclos (Patrick Ducourneau), de Grabieou, Laffitte-Teston und Domaine Sergent in Maumusson, Le Couvent de Château Peyros in Corbère-Abères, Vignobles de Gascogne in Riscle und die Cave de Saint-Mont in Saint Mont.

Madiran produzieren auch einige Häuser außerhalb, die Weinberge im Gebiet der Appellation besitzen. Dazu gehört *Producteurs Plaimont* in Saint-Mont, das sowohl selbst guten anbietet als auch das Dach für die Cave de Saint-Mont und Vignobles de Gascogne ist.

Saint-Mont, ein freundlicher Ort auf einem kleinen Berg, war im Mittelalter Sitz einer Abtei, und auch hier begannen die Mönche mit Weinbau. Daraus wurden die *Côtes de Saint-Mont,* die nicht zum Béarn zählen. Im 20. Jahrhundert hielt man von diesen Weinen nicht mehr viel. Sie wurden

zwar weiter angebaut, aber hauptsächlich um destilliert zu werden, mehr zu Industriealkohol als zu genießbarem. In der zweiten Hälfte des Jahrhunderts änderte sich das. Ein unternehmungslustiger, energischer Weinmann namens André Dubosc schaffte es, drei Genossenschaften zusammenzuschließen: Das Unternehmen Producteurs Plaimont mit Zentrale in Saint-Mont entstand. Ihm gehören heute mehr als 1300 Winzer an.

△ Monsieur André Dubosc

Es ist eine der besonderen Erfolgsstories in der französischen Weinwirtschaft, nicht nur dank einer beachtlichen Qualitätspolitik, sondern auch als Folge guten und phantasiereichen Marketings. So bauten sie einmal über Nacht mit Hilfe vieler Rebstöcke in Kübeln in Toulouse ein regelrechtes Weinfeld auf, das sie dann unter großer Anteilnahme von Publikum und Presse abernteten.
Plaimont produziert nach selbstgesetzten strengen Qualitätsregeln in modernen Anlagen, in die es viel investiert hat, und erntet für seine Weine viel Anerkennung, wenn auch die Côtes-de-Saint-Mont es noch nicht zur *appellation contrôlée* gebracht haben. Plaimont erzeugt und vermarktet hier fast alles, 98 Prozent. Außer in den Côtes de Saint-Mont ist Plaimont, wie gesagt, auch Weinbesitzer im Madiran, von dem das Unternehmen verschiedene Typen erzeugt, ebenso wie Pacherenc der süßen Richtung (durch Spätlese). Es ist auch ein großer Landweinproduzent (*Côtes de Gascogne,* aus Lagen östlich von Saint-Mont bis fast nach Toulouse, insgeamt 1200 Hektar).
Die dynamische Kooperative produziert insgesamt etwa 16,5 Millionen Flaschen im Jahr und exportiert fast die Hälfte davon in verläßlich guten Qualitäten. Hauptabnehmer sind Kanada und China, Deutschland und Skandinavien.
Zum guten Ruf trägt das seit zwanzig Jahren jeden August stattfindende Jazz-Festival in Marciac bei (nicht weit von Saint-Mont, im Departement Gers). Plaimont gehörte von Anfang an zu den Sponsoren und bringt jährlich rund 20 000 Flaschen mit einem besonderen „JAZZ"-Etikett heraus.
Am Ortsrand von Saint-Mont an der Straße Richtung Riscle kann man in dem Gebäudekomplex ein Verkaufsbüro mit Verkostungsmöglichkeit finden; dort werden Proben aus der umfangreichen Produktion bereit gehalten und die Weine an Einzelkundschaft verkauft.

Zu den besten Roten gehören Château de Sabazan (es liegt in der Nähe im gleichnamigen Dorf), Château Saint-Go (dito) und Château de la Roque. Faßproben zeigten uns, daß auch die Neuschöpfung *Monastère* sehr gut geworden ist. Die verschiedenen frischen Weißen kannten wir zumeist schon von Aufenthalten in den letzten Jahren. Die einfacheren roten Saint-Monts sind schnell trinkfertig und nicht für lange Lagerung, können aber dennoch mit Gewinn ein paar Jahre im Keller liegen.

▷ Château Sabazan

GARBURE
GEMÜSESUPPE

1 kg Kartoffeln
3 Teltower Rübchen (navets)
5 Karotten
2 Zwiebeln, 1 Kräuterstrauß,
6 Knoblauchzehen
1 Handvoll grüne Bohnen, 1 kleiner Wirsing
nach Geschmack:
1 scharfes Piment d'Espelette
1 oder 2 Stück Confit von der Gans,
Gänsefett

Man kann je nach Saison auch andere Gemüse nehmen, aber nur frische: Mais, Porree, Frühlingszwiebeln, dicke Bohnen (keine getrockneten) etc.
In 3 l kaltem Wasser Knoblauch und Kräuter aufsetzen, aufkochen, leicht salzen. Ins kochende Wasser zerkleinerte Kartoffeln, Rüben und Karotten geben, sowie einen Eßlöffel Gänsefett. Eine Stunde kochen.
Gehackte Zwiebel in Gänsefett leicht anbraten, in den Kochtopf geben. Nach der zweiten Stunde geschnittenen Kohl im Gänsefett anbraten, in den Topf geben. Grüne Bohnen und Gänse-Confit zufügen, noch 20 Minuten köcheln.
Mit Bauernbrot servieren

ROGNONS HENRI IV
NIEREN HENRI IV

Kleine Nieren (Lamm oder Kaninchen) halbieren, grillen. Auf einer fritierten Kartoffelscheibe mit Sauce Béarnaise servieren.

SAUCE BÉARNAISE
BÉARNER SAUCE

1 EL gehackte Schalotten
je 1 EL Kerbel und Estragon
1 Zweig Thymian
1 Lorbeerblatt
je 5 cl Essig und Weißwein
2 Eigelb, 125 g Butter
nach Geschmack:
Espelette-Pfeffer und Zitrone

Schalotte, Kräuter, Essig und Wein mit etwas Pfeffer und Salz um 2/3 einkochen lassen. Etwas abkühlen lassen.
Eigelb mit einem Löffel Wasser mischen, auf sehr kleiner Hitze mit dem Schneebesen in die Schalottenmischung rühren. Wenn das Eigelb fest wird, nach und nach die Butter zugeben, ständig rühren. Mit Espelette-Pfeffer und Zitronensaft abschmecken.
Man kann diese Sauce im Wasserbad warmhalten – aber nicht mehr aufwärmen, wenn sie kalt geworden ist.
Michel Guérard serviert eine „magere" Version der Béarnaise, bei der er die Butter durch 2 EL Öl und 8 EL Geflügelbrühe ersetzt und dann mit Pilzmus andickt.

POULET HENRI IV.
HUHN HEINRICH IV.

Von diesem Gericht wird eine Großfamilie satt. Man braucht vor allem einen ziemlich riesigen Topf, der all diese Zutaten aufnehmen kann:

1 großes fettes Huhn,
2 Kilo oder mehr
Füllung für das Huhn:
100 g Schinken aus Bayonne,
100 g Hühnerleber, Herz und
Magen, 100 g Kalbsschnitzel, in Milch
eingeweichte Semmelbrösel,
1 Ei, 2 Knoblauchzehen, 1 Schalotte, Petersilie
Für die Bouillon:
1 kg dicke Rippe vom Rind
2 Markknochen, 2 Zwiebeln
2 Stangen Staudensellerie
6 Knoblauchzehen
6 Karotten
4 Teltower Rübchen
6 Porreestangen
Kräuter: Thymian, Salbei, Minze, Oregano,
Petersilie, Salz, Pfeffer
12 kleine Kartoffeln

Die Füllung im Mixer zerkleinern und vermischen, ins Huhn füllen, die Öffnung zunähen. Rindfleisch und Knochen mit 3 l kaltem Wasser aufsetzen, zusammen mit Zwiebel, Staudensellerie (kleingeschnitten), Knoblauchzehen und den Kräutern (sehr großzügig verwenden, 3 l Wasser sollen Geschmack bekommen!). Wenn es kocht, das Huhn dazugeben, salzen und pfeffern, auf ganz kleiner Hitze drei Stunden köcheln lassen. Nach einer Stunde Karotten und Rübchen, nach einer weiteren den Lauch dazugeben. Kartoffeln extra kochen und erst am Schluß mit in den Topf legen.
Huhn zerteilen, Füllung und Rindfleisch in Scheiben schneiden, auf einer Platte servieren. Die entfettete Brühe mit Gemüse kann man vorher essen, oder (auf Suppentellern) über das Fleisch schöpfen. Frisch geriebenen Meerrettich zum Fleisch geben.

▷ Einladung am Adour

DAUBE BÉARNAISE
BÉARNER SCHMORTOPF

Für 6 Personen:
1 kg Rindfleisch
1 Kalbsfuß
Zur Marinade:
2 Schalotten, 2 Karotten
Thymian, Lorbeer, Salz und Pfeffer
2 Glas Madiran
1 Gläschen Armagnac
200 g Bayonne-Schinken, 1 Zwiebel,
Olivenöl
300 g Kartoffeln

Fleisch in Stücke schneiden, mit Öl einreiben, mit gehackten Schalotten, Karotten, Thymian und Lorbeer über Nacht im Madiran und Armagnac marinieren.
Aus der Marinade nehmen, abtrocknen. In einen schweren Topf (Gußeisen) geben. Den Kalbsfuß dazu legen.
Olivenöl erhitzen, die kleingehackte Zwiebel und die Marinade-Karotten anbraten, gewürfelten Schinken zugeben. Diese Mischung in den schweren Topf auf das Fleisch geben. Mit der durchgesiebten Marinade angießen und würzen.
Topf und Deckel mit einem Mehl-Wasser-Teig luftdicht verschließen. Im Backofen bei mäßiger Hitze ca. 3 Stunden schmoren lassen.
Topf öffnen, die kleingeschnittenen Kartoffeln zugeben, Topf wieder mit Mehlkleister verschließen. Noch eine Stunde im Ofen schmoren lassen.
Im Topf servieren.

SOUFFLÉ AUX PRUNEAUX
BACKPFLAUMEN-SOUFFLÉ

300 g entkernte Backpflaumen
1 Gläschen Pflaumengeist
1/2 Tasse Wasser
3 Eigelb, 2 Eiweiß

Die Backpflaumen in Wasser und Pflaumengeist weichkochen, abkühlen lassen, im Mixer pürieren.
Eigelb schaumig rühren, unter die Masse rühren. Eiweiß zu Schnee schlagen, vorsichtig darunterheben.
Souffléform buttern, mit etwas Puderzucker bestäuben. Masse einfüllen, 20 Minuten im heißen Ofen bei etwa 220 Grad C backen und noch 10 Minuten bei geringer Hitze (ca. 150 Grad C). Sofort servieren.

1

DIE REZEPTE DER CHEFKÖCHE

❶ René Gillard mit Schwiegersohn und Enkel
❷ Firmin Arrambide
❸ Chrisitian Parra
❹ Didier Oudill
❺ François Miura
❻ Philippe Jorand
❼ Guy Guenégo
❽ Marc Pierre Walker
❾ Philippe Garret

3

4

5

7

8

TRUFFINETTE AU VELOURS DE TRUFFES
TRÜFFELWURST IN TRÜFFELSAUCE

Rezept von René Gillard,
„L'Esplanade", Domme

Zutaten für 10 Personen:
30 g Butter
50 g Mehl
1/4 l Milch
60 g Trüffel, 200 g Champignons de Paris
4 Eigelb
2 Meter gereinigter Wurstdarm
(beim Metzger vorbestellen)
Für die Sauce:
1/2 l Sahne, 20 cl Trüffelsaft

Eine Béchamel aus Butter, Mehl und Milch zubereiten. Die Champignons fein hacken, in einer Pfanne mit etwas Butter anschwitzen, bis sie kein Wasser mehr abgeben. Vom Herd nehmen, Béchamel, Eigelb und kleingehackte Trüffel zugeben. Die Wurstdärme füllen. In kleine Würstchen unterteilen und abbinden. In Salzwasser 15 Minuten bei 80 Grad C pochieren. Auf Küchenpapier abtropfen.
Sauce zubereiten: Trüffelsaft und Sahne einige Minuten einkochen.
Als Begleitung ausgebackene Gemüsejulienne und fritierte Selleriestreifchen servieren. Auf heißem Teller anrichten.

PÂTÉ DE CÈPES
STEINPILZ-PASTETE

Rezept von René Gillard,
„L'Esplanade", Domme

Für 6 Personen:
1,5 kg Steinpilze
Butter
3 Scheiben Schinken, 2 Schalotten
250 g Blätterteig
Für die Sauce:
2 Schalotten
400 g Steinpilze
1 Würfel Rinderbouillon, 10 g Butter

Fünf ganze Steinpilzköpfe aufheben; den Rest grob hacken, mit Butter anbraten, gehackte Schalotten und kleingeschnittenen Schinken zufügen. Rühren, bis die Pilze kein Wasser mehr ziehen.
Eine rechteckige Pastetenform mit dem Blätterteig auslegen, die geschmorten Pilze und die fünf Köpfe hineinfüllen, mit Teig schließen. Im Herd etwa 30 Minuten backen (Thermostat 7 bis 8, ca. 180 – 200 Grad C).
Inzwischen die Sauce bereiten: gehackte Schalotten in Butter anbraten, in Streifen geschnittene Pilze zugeben, dann den Brühwürfel, den man vorher in wenig heißem Wasser aufgelöst hat. Alles im Mixer glattrühren.
Die Pastete in 2 cm dicke Scheiben schneiden und mit der Pilzsauce servieren.

RÔTI DE TRUITE A L'OSEILLE, FUMET D'HUITRES D'OLÉRON AU CAVIAR

FORELLENBRATEN IN AUSTERNSAUCE MIT KAVIAR

Rezept von Guy Guenégo, vormals „Le Moulin de l'Abbaye", Brantôme

Zutaten für 2 Personen:
2 frische Forellen, je 500 g
50 g Sauerampfer
Für die Sauce:
2 Schalotten, 1 Porree, 80 g Champignons
2 dl Weißwein, 1 dl Sahne
50 g geräucherte Forelle
2 große Kartoffeln
100 g Butter
6 Austern, 10 g Kaviar

Forellen am Bauch öffnen, säubern, entgräten, mit dem gehackten Sauerampfer füllen, wieder zuklappen und wie einen Braten zusammenbinden.
Sauce: Schalotten, Porree und gehackte Pilze anschwitzen, Forellengräten zufügen, mit Wein ablöschen, aufkochen lassen, Hitze zurücknehmen, Sahne unterrühren. Die Sauce 15 Minuten köcheln lassen, durch ein Sieb passieren.
Die Kartoffeln in der Schale kochen, abpellen, mit der Gabel zerquetschen, salzen und pfeffern, mit 30 g Butter und der zerkleinerten Räucherforelle vermischen, Bällchen formen. Forellen in Butter braten.
Kartoffelbällchen in frisch geriebener Kartoffel wälzen und fritieren.
Die Austern öffnen.
Sauce erwärmen, Flüssigkeit aus den Austernschalen hinzufügen und einkochen. Zwei Austern mit dem Pürierstab einarbeiten, mit Butter montieren (kalte Butterflocken unterziehen).
Vor dem Servieren die vier restlichen Austern ganz kurz in der Sauce pochieren, Kaviar hinzufügen. Forellen, Sauce und Bällchen auf Tellern anrichten.

CROUSTILLANT D'ESCARGOTS AUX CÈPES ET AU VERT

KNUSPRIGE SCHNECKENTASCHE MIT STEINPILZEN UND KRÄUTERN

Rezept von Marc-Pierre Walker, „La Plume d'Oie", La Roque Gageac

4 Blätter Brickteig
(in türkischen Läden als Börekteig erhältlich)
40 g Pilze
24 Schnecken
2 Schalotten
Öl
Petersilie, Sauerampfer, Dill, Schnittlauch
Für die Sauce:
1 Glas Weißwein, ca. 1/8 l
80 g süße Sahne
Salz, pürierte Petersilie

Öl in einer Pfanne erhitzen, darin die Pilze anschwitzen, Schnecken und Schalotten beigeben. Die drei Zutaten gut mischen, salzen, pfeffern. Erkalten lassen.
Die kleingehackten Kräuter zugeben, gut mit Schnecken, Pilzen und Schalotten mischen. Die Brickblätter in Quadrate von ca. 18 mal 18 cm schneiden. Die Innenseiten buttern, je ein Viertel der Mischung in die Mitte geben, wie einen Briefumschlag zusammenfalten. Dann auch außen buttern. Fünf Minuten im Backofen bei 180 Grad C backen.
Als Sauce ein Glas Weißwein reduzieren, mit wenig Sahne mischen, salzen und Petersilienpüree zufügen. Auf heiße Teller gießen, darauf die Teigtaschen legen und sofort servieren.

QUEUES DE LANGOUSTINES EN CROUSTILLANT DE POMMES DE TERRE
LANGUSTINENSCHWÄNZE MIT KNUSPRIGEM KARTOFFELKUCHEN

Rezept von Philippe Jorand,
„Chateau Layauga", Gaillan

24 Langoustinenschwänze (die letzten beiden Glieder vom Panzer dranlassen)
4 Kartoffeln
geklärte Butter
Salz, Pfeffer
150 g Pfifferlinge
100 g Champignons
100 g Austernseitlinge
100 g Silberzwiebeln
100 g Speckstückchen
1 dl Geflügelfond
Olivenöl

Kartoffeln („Pommes Anna"): in dünne regelmäßige Scheiben schneiden (1 mm), waschen, auf einem Tuch trocknen, würzen. 4 flache Förmchen mit geklärter Butter ausstreichen, die Kartoffelscheiben ringförmig hineinlegen, im Ofen bei 180 Grad C garbacken.
Pilze zerkleinern, in einer Pfanne mit geklärter Butter anbraten, gehackte Zwiebeln und Speck zufügen, mit Geflügelfond vermischen, etwas einkochen lassen.
Die Langustinenschwänze in sehr heißem Olivenöl ganz kurz braten.
Auf den Tellern zuerst die Pilze anrichten, darauf die Langustinen legen, mit dem braunen Kartoffelkranz bedecken.

SAUMON CONFIT AUX ÉPICES
EINGELEGTER LACHS MIT GEWÜRZEN

Rezept von Philippe Jorand,
„Chateau Layauga", Gaillan

1 Lachsfilet
Gewürze nach Geschmack
(z.B. Koriander, Anis, Nelke, Muskat)
Rote Pfefferkörner
Safranpulver
2 Schalotten
Vinaigrette aus 1 Teil Essig und 2 Teilen Öl
Salz
1 Porreestange (nur das Weiße)
oder Meeresalgen
2 geschälte und entkernte Tomaten
verschiedene Kräuter

Das Lachsfilet in feine Scheiben schneiden, mit einer Mischung aus Salz, den Gewürzen, rotem Pfeffer, Safran, gehackter Schalotte und Vinaigrette bedecken und 20 Minuten im Kühlschrank marinieren.
Gehackten Porree oder Algen blanchieren, kalt werden lassen, mit Tomaten und Vinaigrette vermischen.
Marinierte Lachsscheiben und Porree-Garnitur in runden Förmchen schichtweise aufeinandersetzen, andrücken. Vor dem Servieren stürzen. Mit dem Rest der Garnitur und verschiedenen Kräutern dekorieren.

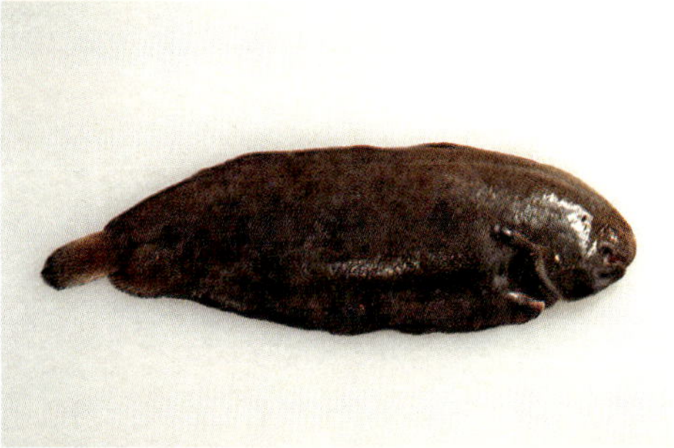

FILETS DE SOLE AUX BETTERAVES ROUGES
SEEZUNGEN MIT ROTE BETE

Rezept von Philippe Jorand,
„Château Layauga", Gaillan

2 Seezungen von 700 bis 800 g
3 Rote Bete
100 g Butter
10 cl Essig
Zucker, Salz, Pfeffer

Seezungen filetieren, Filets halbieren, so daß man 16 Stücke erhält. Zwei Rote Bete feinreiben. Mit der Butter, dem Essig, Salz, Pfeffer und nach Geschmack einer Messerspitze Zukker schmoren.
Die dritte Rote Bete in sehr feine Scheiben schneiden, in heißem Öl sehr schnell eine nach der anderen fritieren. Auf einem Tuch trocknen.
Die Rote Bete auf den Tellern in kleinen Häufchen anordnen. Die Filets kurz in Butter braten und darauf setzen. Obenauf mit den Rote-Bete-Chips garnieren.
Mit Beurre blanc (aus Schalotte, Weißwein, Butter) servieren.

ECRASÉ DE FRUITS ROUGES GLACE RHUBARBE
FRUCHTMUS MIT RHABARBEREIS

Rezept von Philippe Jorand,
„Château Layauga", Gaillan

500 g Erdbeeren
100 g Himbeeren
50 g Johannisbeeren
Zucker nach Geschmack
Rhabarbereis:
500 g Rhabarber
2 EL Zucker
1/2 l „Crème anglaise"
(aus Eiern, Zucker, Milch, Vanille)

Rhabarber in kleine Stücke schneiden, mit Zukker kochen, erkalten lassen, mit englischer Crème vermischen. In der Eismaschine gefrieren lassen.
Rote Früchte mit einer Gabel zerdrücken, nach Geschmack zuckern. Das Mus auf einem Teller mit dem Rhabarbereis und einigen Minzblättern anrichten.

QUEUES DE LANGOUSTINES, GALETTE DE COURGETTES
LANGUSTINENSCHWÄNZE MIT ZUCCHINI-TÖRTCHEN

Rezept von François Miura,
„Miura" in Bayonne

1,5 kg Langustinen
600 g kleine Zucchini (Courgettes)
200 g Tomaten
Salz, Pfeffer, Olivenöl
Kümmelvinaigrette

Langustinen vom Panzer befreien, die beiden letzen Glieder am Schwanzfleisch lassen. Zucchini in feine Scheiben schneiden, kreisförmig auf feuerfeste flache Schalen verteilen. Tomaten häuten, halbieren, Kerne entfernen, in die Mitte der Schalen legen. Salzen, pfeffern, mit Olivenöl bestreichen und 5 Minuten im 200 Grad C heißen Ofen backen.
Langustinen leicht bemehlen und eine Minute in sehr heißem Fett in der Pfanne braten, auf Küchenkrepp abtropfen lassen. Sternförmig auf dem Zucchiniring anordnen und mit Kümmelvinaigrette beträufeln (Vinaigrette mit einem Kaffeelöffel gemörsertem Kümmel vermischen).

CHIPIRONS FARCIES AU PIED DE PORC
KLEINE TINTENFISCHE MIT SCHWEINSFUSS GEFÜLLT

Rezept von François Miura,
„Miura" in Bayonne

1 kg kleine Tintenfische
300 g Champignons
1 gehackte Schalotte
150 g Schweinsfuß, vorgekocht und entbeint
100 g Crème fraîche
Saft einer halben Zitrone
1 EL Senf
1 Sträußchen Petersilie
1 Ei
Olivenöl

Tintenfische säubern, Beutel ganz lassen. Die Tintensäcke für die Sauce aufbewahren. Fangarme kleinhacken. Champignons hacken, anschwitzen, gehackte Schalotte zufügen, Fangarme der Tintenfische und zerkleinerten Schweinsfuß. Crème Fraîche und Zitronensaft zufügen, 5 Minuten schmoren lassen, Senf und gehackte Petersilie hinzufügen. Vom Feuer nehmen, Ei unterrühren. Die Tintenfische mit der Masse füllen und mit einem Zahnstocher zustecken. In Olivenöl 5 bis 10 Minuten braten (je nach Größe), so daß sie von allen Seiten Farbe annehmen.
Mit einer Langustinensauce (aus gemörserten Langustinen) servieren, in die man die Tinte rührt.

CASSOLETTE DE MORUE VERT
PFANNE MIT FRISCHEM KABELJAU

Rezept von François Miura,
„Miura", Bayonne

1 kg Kabeljau
Teig:
250 g Buchweizenmehl
90 g Wasser
50 g Olivenöl
Kartoffelpüree:
300 g Kartoffeln
30 g Milch, 50 g Crème fraîche
50 g Bayonne-Schinken in Würfeln
Selleriesalz
Olivenöl

Den Kabeljau mit Selleriesalz einreiben, mit Olivenöl bedecken und 2 Stunden marinieren lassen.
Für den Teig das Buchweizenmehl mit Wasser und Olivenöl verkneten und 2 Stunden ruhen lassen.
Inzwischen aus Kartoffeln, Milch, Crème und etwas Olivenöl ein Püree bereiten.
Teig ganz dünn ausrollen, flache Förmchen damit belegen, darauf das Püree verteilen, mit dem zerteilten Kabeljau bedecken. 15 Minuten bei ca. 180 Grad C im Ofen backen. Mit den gebratenen Schinkenstückchen bestreuen.
Mit Salat und einer Muschel-Safran-Sauce servieren.

ROULÉ AUX POIRES
BIRNENROLLE

Rezept von François Miura,
„Miura", Bayonne

4 Blätter Brick-Teig
(als Börek-Teig in türkischen Laden erhältlich)
50 g Trockenaprikosen und Rosinen
2 Birnen, kleingeschnitten
1 EL Honig
Ingwer
Zimt
50 g Zucker und
2 Eier, getrennt, 3 ganze Eier
30 g Mehl
250 g Birnensaft
1 Aufgußbeutel Schwarztee
2 EL Birnengeist

Aprikosen und Rosinen mit dem Teebeutel einweichen, nach einer Stunde abgießen. Mit den Birnen, Honig, Zimt und Ingwer 3 Minuten bei großer Hitze schmoren.
Zucker und 3 Eier eine Minute lang heftig mit dem Schneebesen rühren, dann das Mehl dazurühren. Birnensaft kochen und hineinrühren, das Ganze in den Topf mit den Honigfrüchten geben, schnell erhitzen, vor dem Kochen vom Feuer nehmen. Birnengeist und 2 Eigelb hineinrühren.
Eiweiß zu Schnee schlagen und vorsichtig darunterheben. Mit dieser Crème die Börekblätter füllen, jeweils zu einer länglichen Rolle formen. Diese Rollen im 200 Grad C warmen Ofen 2 Minuten backen.
Mit „Créme anglaise", fein geschnittenen Orangenschalenstreifen und Orangensaft servieren.

VENTRÈCHE DE THON DES PECHEURS BASQUES

BAUCHSTÜCK VOM THUNFISCH AUS BASKISCHEM FANG

Rezept von Christian Parra,
„Auberge de la Galupe", Urt

480 g Bauchstück vom Thunfisch
300 g feingehackte Zwiebeln
150 g süße grüne Peperoni
2 gehackte Knoblauchzehen
2 Scheiben sehr guter Schinken, in kleine Würfel geschnitten
Meersalz (sel de Guerande)
Olivenöl aus der Provence
Balsamessig
Piment d'Espelette
kleingeschnittener Schnittlauch

Zwiebeln auf kleinem Feuer in Olivenöl etwa 15 Minuten anschwitzen, bis sie leicht gefärbt sind. Entkernte und geschnittene Peperoni zufügen. Nochmal 5 Minuten simmern lassen, Knoblauch zugeben, würzen, nocheinmal 5 Minuten köcheln. Den gewürfelten Schinken einrühren, der nicht bräunen darf.
Thun in Scheiben schneiden, in sehr heißem Olivenöl kurz braten; er muß rosa bleiben.
Auf vier Teller zuerst Zwiebelmischung häufen, die Thunfischscheiben darauflegen und mit Salz, Balsamessig, Piment d'Espelette, etwas Olivenöl und Schnittlauch würzen.
Die Zwiebelgarnitur kann vorher zubereitet werden. Den Thunfisch erst in letzter Minute braten.

PARFAIT AU TOURON, SAUCE CHOCOLAT NOIR

HALBGEFRORENES VOM TOURON MIT SCHWARZER SCHOKOLADENSAUCE

Rezept von Christian Parra,
„Auberge de la Galupe", Urt

Zuckersirup:
80 g Zucker, 3 EL Wasser
6 Eigelb
180 g weicher Touron, zerbröselt
250 g flüssige Sahne

Zucker 2 Minuten mit dem Wasser zu Sirup kochen. Eigelb mit dem Schneebesen oder Handrührer schaumig schlagen, den warmen Sirup hineinschlagen. Rühren, bis sich die Masse verdoppelt hat. Erkalten lassen.
Den zerbröselten Touron unter die Eimasse mischen.
Sahne schlagen und in die Touron-Mischung mit einem Holzlöffel einarbeiten. In eine Kastenform füllen, Oberfläche glätten. Drei Stunden oder mehr ins Gefrierfach stellen.
Zum Servieren die Form kurz in heißes Wasser tauchen und das Parfait stürzen. In dicke Scheiben schneiden.
Mit einer Schokoladensauce begleiten: 200 g Bitterschokolade mit 1 dl flüssige Sahne auf kleiner Hitze schmelzen lassen. Wenn die Masse kocht, heftig mit dem Schneebesen schlagen, damit sich die Zutaten gut mischen.

SALADE DE COQUILLES ST. JACQUES AUX TRUFFES ET POMMES DE TERRE
SALAT VON JAKOBSMUSCHELN MIT TRÜFFELN UND KARTOFFELN

Rezept von Didier Oudill,
„Café de Paris", Biarritz

16 Jakobsmuscheln
40 g schwarze Trüffel,
in Scheiben geschnitten

8 Kartoffeln („Rattes" – die länglichen roten)
verschiedene Salatsorten
Für die Sauce:
1 dl Vinaigrette
je 1 EL frische Kräuter, gehackte Schalotte
10 cl Bratensaft vom Huhn
5 cl Trüffelsaft
1 EL Sojasauce
grobes Meersalz, Pfeffer

Kartoffeln kochen, schälen, in dünne Scheiben schneiden (ca. 3 mm dick) und auf vier warme Teller verteilen. Den vorbereiteten, geputzten Salat daneben arrangieren.
Alle Saucenzutaten mixen, über die Kartoffeln und den Salat gießen
Jakobsmuscheln ganz kurz von beiden Seiten grillen, auf die Kartoffeln legen und darauf die Trüffelscheiben. Mit etwas grobem Salz und grobgemahlenem Pfeffer würzen.

TARTE RENVERSÉE DE RIS DE VEAU À LA DUXELLE DE CHAMPIGNONS SAUVAGES
GESTÜRZTE KALBSBRIESTORTE MIT PILZFARCE

Rezept von Didier Oudill,
„Café de Paris", Biarritz

650 g Kalbsbries, gewässert und gesäubert

je 12 Stück Karotten und Sellerie, gekocht
und in Halbmonde geschnitten
12 ebenso geschnittene Trüffelscheiben
4 Scheiben Blätterteig, 12 cm Durchmesser
Zum Schmoren des Kalbsbries:
100 g Zwiebeln
100 g Karotten
20 g Pilzstiele
1 Kräutersträußchen, Salbei
6 Knoblauchzehen
1 dl Weißwein
5 cl Portwein
2 dl Geflügelfond
Salz, Pfeffer, Erdnußöl
Für die Pilzfarce: 120 g Steinpilze
120 g Champignons
80 g Mousserons (Mairitterling)
80 g Pfifferlinge
40 g gehackte Trüffel
80 g Butter
25 g Schalotte
10 g Knoblauch
7 cl Crème fraîche
Salz, Pfeffer, 7 g Estragon
Mehl
ein Schuß Portwein
Für die Sauce: 100 g Trüffelsaft
100 g Mousserons
2 dl Crème fraîche, 80 g Butter
Muskat

TARTE RENVERSÉE DE RIS DE VEAU À LA DUXELLE... FORTSETZUNG

Das gewässerte Kalbsbries in kaltem Salzwasser aufsetzen und erhitzen, 5 Minuten kochen lassen, in kaltem Wasser abschrecken. Feine Häute entfernen, 3 Stunden unter einem Gewicht von 3 kg pressen.
Die Schmorgemüse kleinschneiden, im Öl anbraten, das Kalbsbries darauflegen, mit Weißwein und Porto ablöschen, um die Hälfte einkochen lassen. Geflügelfond hinzufügen, ca. 30 Minuten kochen lassen. Kalbsbries in Scheiben von ca 3 cm Dicke schneiden, leicht salzen und pfeffern. Schmorfond durch ein Sieb geben.
Pilzfarce: Pilze säubern, zerkleinern, Schalotte und Knoblauch in Butter anbraten, Pilze hinzufügen und ca. 10 Minuten braten lassen, bis sie kein Wasser mehr ziehen. Mit Mehl bestäuben, Crème hinzufügen, 10 bis 15 Minuten unter häufigem Rühren braten. Würzen, Estragon, Porto, Trüffel zufügen und noch 5 min braten. Alles im Mixer oder mit dem Messer kleinhacken.
Schmorfond erhitzen, die Mousserons, Crème, Butter, und Muskat zufügen. Im Wasserbad warmhalten. Trüffelsaft in letzter Minute zufügen.
Kleine Aluminiumförmchen (ca 10 cm Ø) mit gebuttertem Backpapier auslegen, die Halbmonde von Trüffel, Karotte und Sellerie kreisförmig darauf verteilen. Darauf die Pilzfarce ca. 1 cm dick füllen, mit den Kalbsbriesscheiben bedecken. 8 bis 10 Minuten im 200 Grad C heißem Ofen backen.
Die Törtchen auf Teller stürzen und mit der Sauce umgießen.

CREPINETTE DE PIED DE PORC AUX TRUFFES

SCHWEINSFUSS IM NETZ MIT TRÜFFELN

Rezept von Firmin Arrambide,
„Les Pyrenées", St.-Jean-Pied-de-Port

4 Schweinsfüße
50 g Schalotten
60 g Trüffel
Butter zum Braten
100 g Schweinenetz
1 Ei, 50 g Mehl,
100 g Semmelbrösel zum Panieren

Schweinsfüße in klarer Brühe auf kleiner Hitze 3 Stunden köcheln. Sorgfältig entbeinen. Schalotten kleinhacken, in Butter auf kleiner Hitze 15 Minuten garen.
Das Fleisch der Schweinsfüße in 1 cm große Stücke hacken. Trüffel in schmale Stifte schneiden, beides mit den Schalotten mischen.
Aus dem Schweinsnetz 4 Stücke von etwa 20 mal 20 cm schneiden, je ein Viertel der Masse hineinfüllen, das Netz schließen und dabei so formen, daß es wie ein Schweinsfuß aussieht. Im Kühlschrank fest werden lassen. Panieren, in der Pfanne braten.
Mit Kartoffelpüree oder Mus aus weißen Bohnen sehr heiß servieren.

LE TABOULÉ DE BLÉ VERT AU HOMARD

TABBOULEH AUS JUNGEM WEIZEN MIT HUMMER

Rezept von Philippe Garret, „Pain Adour et Fantaisie", Grenade-sur-l'Adour

2 große Hummer von 600 g
4 große (der Länge nach geschnittene) Scheiben Aubergine
Für das Tabbouleh:
6 Suppenlöffel grüner Weizen (junge, weiche Weizenkörner)
Hühnerbrühe
1 EL Schalotten, 1 EL Petersilie, 2 Minzeblätter
2 EL geschälte und entkernte Tomate
2 g Couscousgewürz „Raz es Hanout" (ersatzweise Kreuzkümmel, Koriander und wenig Chilipulver)
1 EL feste Mayonnaise

Hummer im sprudelnd kochenden Wasser 10 Minuten kochen, herausnehmen und abkühlen lassen
Auberginenscheiben fritieren, abkühlen lassen.
Den Weizen langsam in der Hühnernbrühe kochen; die Flüssigkeit muß etwas über dem Weizen stehen. Kalt werden lassen, alle Zutaten kleingehackt daruntermischen, würzen und mit Mayonnaise vermengen.
Je eine Auberginenscheibe ringförmig um ein Häufchen Tabbouleh legen; darauf einen halben ausgenommenen Hummer.
Mit kaltem „Escabèche de tomate" (marinierte Tomate) servieren: Zwei Schalotten und eine Knoblauchzehe anschwitzen, Lorbeerblatt hinzufügen, mit Weißwein ablöschen, reduzieren; eine geschälte, entkernte Tomate und den Saft aus dem Hummerköpfen zufügen.

LA RISSOLE DE POIRE WILLIAMS À LA CRÈME D'AMANDE, CHOCOLAT CHAUD

GEBACKENE BIRNE MIT MANDELCREME UND WARMER SCHOKOLADENSAUCE

Rezept von Philippe Garret, „Pain Adour et Fantaisie", Grenade-sur-l'Adour

4 Williamsbirnen
4 Streifen Blätterteig, 3 cm breit, 40 cm lang
16 Sauerkirschen in Alkohol
Gewürze:
Pfeffer, Muskat, Nelke, Zimt, Sternanis
*je 1 (Saft und Abrieb) Orange, Zitrone, Puderzucker, Enzianpulver**
Für die Mandelcreme:
80 g Butter
100 g gemahlene Mandeln
100 g Zucker, 2 Eier
1 cl Rum
Für die Schokoladensauce:
35 g bitterer Kakao
80 g Zucker
10 g Butter
10 cl Wasser

Birnen schälen, mit allen Gewürzen kochen
In einer Schüssel die cremige gerührte Butter mit Mandeln und Zucker mischen, Eier und Rum zufügen.
Birnen aushöhlen und mit der Mandelcreme füllen, eine Stunde kühlen.
Blätterteigstreifen jeweils um die Birnen wickeln, so daß sich die Streifen ein bißchen überlappen. Kalt stellen.
Schokoladensauce: Kakaopulver, Zucker und Wasser mit dem Schneebesen mischen. Erhitzen, 3 Minuten kocheln lassen. Zuletzt die kalte Butter einarbeiten.
Die Birnen mit Puderzucker bestreuen und im Herd bei 200 Grad C 20 bis 25 Minuten backen.
Die Schokoladensauce neben der Birne servieren. Mit Enzianpulver bestäuben.
*In der Apotheke

LA POMME DE TERRE FARCIE À LA CHARPIE DE COCHON ET JEUNES LEGUMES

MIT SCHWEINSHASCHEE GEFÜLLTE KARTOFFEL MIT JUNGEM GEMÜSE

Rezept von Philippe Garret, „Pain Adour et Fantaisie", Grenade-sur-l'Adour

Zutaten für 6 Personen:
6 große Kartoffeln
Geflügelbouillon zum Kochen
180 g gekochte Schweinebacken
1 EL Entenschmalz
40 g Zwiebel
1 EL gehackte Petersilie
12 Scheiben Speck
(Bauchspeck, mager-fett-gestreift)
12 junge Karotten,
12 kleine Teltower Rübchen (navet)
6 Perlzwiebeln, 6 Frühlingszwiebeln
6 kleine Porreestangen
1 gehackte Knoblauchzehe
4 dl Fond von Huhn oder Ente,
1 dl Weißwein
50 g Butter

Kartoffeln schälen und in regelmäßige Form schneiden (falls nötig). Langsam in der Geflügelbouillon garkochen.
Zwiebeln kleinhacken, in dem Entenschmalz garen. Schweinebacken grob hacken und zufügen. Einkochen lassen und Petersilie hinzufügen.
Von den kalten Kartoffeln einen Deckel abschneiden und die Knollen aushöhlen. Schweinehaschee einfüllen. Den Deckel wieder aufsetzen und in je 2 Scheiben Speck wickeln (kreuzweise, so daß der Deckel festgehalten wird). In einem Bräter die Kartoffeln mit der Hälfte des Hühner- (oder Enten-) Fonds und dem Weißwein sowie 20 g zerlassener Butter angießen, im Backofen bei 200 Grad C backen, oft begießen.

Die kleinen Gemüse schälen bzw. putzen und in Geflügelbouillon garen. In einem Schmortopf mit etwas Butter und dem Knoblauch Farbe nehmen lassen, mit 2 dl Hühnerfond benetzen. Mit der restlichen kalten Butter binden.
Kartoffel und Gemüse mit einer Scheibe gebratener Blutwurst servieren.

△ „Pain Adour et Fantaisie", Terasse am Fluß

PÉRIGORD

Die Öffnungszeiten der Restaurants unbedingt erfragen.

Adressen
Bellevue, 24290 Montignac-Lascaux,
Tel. 05 53 51 81 29
Februar bis November
(Restaurant, nur mittags)
Centenaire, 24620 Les Eyzies-de-Tayac,
Tel. 05 53 06 68 68
Anfang April bis Anfang November
(Restaurant & Hotel)
L'Esplanade, 24250 Domme,
Tel. 05 53 28 31 41
Anfang Februar bis Ende Oktober
(Restaurant & Hotel)
La Meynardie, Paulin, 24590 Salignac-Eyvigues, Tel. 05 53 28 85 98
Le Moulin de l'Abbaye,
24310 Brantôme, Tel. 05 53 05 80 22
(Restaurant & Hotel)
Ende April bis Ende Oktober
La Plume d'Oie, 24250 La Roque Gageac,
Tel. 05 53 29 57 05
Anfang März bis Ende Januar
(Restaurant & Hotel)
Château de Puy Robert,
24290 Montignac, Tel. 05 53 51 92 13
Mai bis Mitte Oktober (Restaurant & Hotel)

Nussmühle Moulin de la Tour,
24200 Sainte-Nathalène,
(von Sarlat aus die D 47),
Tel. 05 53 59 22 08
Gänsezucht La Ferme de Turnac
(Familie Germain),
24250 Domme, Tel. 05 53 28 10 84

Feste und Veranstaltungen
Februar: (letzter Sonntag) Mühlen- und Nußfest in Varaignes
August: Messe für Wein und Regionalprodukte in Lalinde
September: Viehmarkt in La Latière
Pilzmarkt in Villefranche-du-Périgord
Oktober und November:
Nussmarkt in Ribérac
November: Truthahn-Markt in Varaignes
Salon du Livre Gourmand in Périgueux

BORDELAIS

Adressen
In Bordeaux:
Jean Ramet: 7 place Jean Jaurès.
Tel. 05 56 44 12 51
Gravelier: 114 Cours Verdun,
Tel. 05 56 48 17 15
Tupina: 6 rue Porte de la Monnaie,
Tel. 05 56 91 56 37
Im Bordelais:
Château Layauga, Gaillan-en-Médoc
(5 km nördlich Lesparre) an der N 215.
Tel. 05 56 41 26 83 (Restaurant & Hotel)
Château Cordeillan Bages (1 km südlich)
Pauillac an D 2
Tel. 05 56 59 24 24 (Restaurant & Hotel)
Claude Darroze, 95 Cours Général Leclerc,
33210 Langon, Tel. 05 56 63 00 48
(Restaurant & Hotel)
Chez Yvette, 59 Boulevard Général Leclerc, 33120 Arcachon, Tel. 05 56 83 05 11

Stör-Zuchtbetriebe
Jacques Carré, Moulin de la Cassadotte,
33380 Biganos (nahe Arcachon).
Tel. 05 56 82 64 42
Täglich geöffnet (nicht zur Mittagszeit),
Verkaufsstand, Bar
Pisciculture Estudor, Les Moulineaux,
24700 Montpon-Menesterol,
Tel. 05 53 80 61 10. Kann von Mitte Juni bis Mitte September besucht werden (über Mittag geschlossen);
Verkaufsboutique.
L'Estourgeonnière (Philippe Barbier),
Balanos, Route de Mios,
33470 Le Teich, Tel. 05 56 22 69 50

SAEG Sturgeon, Alan Jones, 5 chemin des Peupliers,
33660 Saint-Seurin sur l'Isle.
Tel. 05 57 49 71 89.

Wein-Auskünfte (u.a., welche Châteaux Besucher empfangen):
Conseil Interprofessionel du Vin de Bordeaux, 1 Cours du 30 juillet, 33075 Bordeaux, Tel. 05 56 44 37 82
Maison du Vin et du Tourisme, Pauillac (an der Uferstraße), Tel. 05 56 59 03 08
Syndicat des vins Bordeaux et Bordeaux Supérieur, Maison de la Qualité, Route Nationale 89, 33750 Beychac et Caillau (etwa ein Dutzend Kilometer östlich Bordeaux Richtung Libourne),
Tel. 05 56 72 90 99

Solche Häuser bzw. Syndikate finden sich auch in den Dörfern und Städtchen, die den Lagen ihren Namen geben.

Feste und Veranstaltungen:
Februar (Samstag vor Karneval): Rinderfest in Bazas
April (letztes Wochenende): Neunaugenfest in Ste. Terre
Mai: Maifischfest (fête de l'alose) in Lormont
Juni: Frühlingsfest der Bruderschaft (jurade) der Winzer in St. Emilion
Juli: Festval des „Guten Geschmacks" in Ste. Terre
August: Austernmesse in Gujan-Mestras
Fest des Meeres in Arcachon
September: Wildtaubenfest in Bazas
Messe für Wein, Käse und Brot in Langon
Oktober: Weinlese wie in alter Zeit in Marcillac

BASKENLAND

Adressen
Café de Paris & Bistro Bellevue: 5 pl. Bellevue, 64200 Biarritz,
Tel. 05 59 24 19 53 (Restaurant & Hotel)
Euzkadi: 64250 Espelette (am Parkplatz)
Tel. 05 59 93 91 88 (Restaurant & Hotel)
La Galupe, 64240 Urt (unten am Adour),
Tel. 05 59 56 21 84
Ithurria, 64250 Ainhoa Tel. 05 59 29 92 11 (Restaurant & Hotel)
Manechenia, Eyheralde (an der D 948 nördlich von 64430 St-Etienne-de-Baïgorry) Tel. 05 59 37 41 68 (Restaurant & Hotel)
Miura, 24 rue Marengo, 64100 Bayonne,
Tel. 05 59 59 49 89
Les Pyrénées, pl.Charles de Gaulle, 64220 St.-Jean-Pied-de-Port,
Tel. 05 59 37 01 01 (Restaurant & Hotel)
Tourasse, rue Tourasse,
64500 St.-Jean-de-Luz,
Tel. 05 59 51 14 25
Txalupa: 64500 St.-Jean-de-Luz (am Hafen) Tel. 05 59 26 99 82

Oteiza (Wurst und Schinken):
Les Aldudes (hinter St.Etienne-de-Baïgorri), Tel. 05 59 37 56 11. Hat auch einen Laden in Ainhoa an der Hauptstraße.
Aycaguer (Käse und Lammwurst):
Murgia bei Osses, Tel. 05 59 37 73 40
Abbaye de Belloc (Käse), 64240 Urt,
Tel. 05 59 29 65 55

Weine:
Domaine Arretxa, 64220 Irouléguy,
Tel. 05 59 37 33 67
Brana, 3 bis avenue du Jaï Alaï,
64220 St.-Jean-Pied de Port,
Tel. 05 59 37 00 44
Cave Coopérative des Vins d'Irouléguy,
64430 St.-Etienne de Baïgorry,
Tel. 05 59 37 45 50

Feste und Veranstaltungen

April: Schinkenmesse in Bayonne
Foire artisanale et gastronomique in Anglet
Mai: Journée du Chocolat in Bayonne
Juni: Foire artisanale et gastronomique in Anglet
Kirschenfest in Itxassou
Juli: Thunfischfest in St.-Jean-de-Luz;
Mittelalterlicher Markt in Bayonne
Baskische Hochzeit in St.-Etienne-de-Baïgorry, in traditionellen Kostümen
Gastronomie-und Handwerksmesse in St.-Jean-Pied-de-Port
Schäferhund-Wettbewerb in St.-Etienne-de-Baïgorry
August: Gastronomie-und Handwerksmesse in St.-Jean-Pied-de-Port
Gastronomie und Handwerk (Ausstellung, Demonstration von Käseherstellung, Wurst etc.) in St.-Etienne-de-Baïgorry
Messe für regionale Produkte in Saint Pée
September: Ttoro (Fischsuppen-) Fest in St.-Jean-de-Luz
Oktober: Piment-Fest in Espelette

GASCOGNE

Adressen

Au Bon Coin du Lac, 34 Avenue du Lac, 40200 Mimizan, Tel. 05 58 09 01 55 (Restaurant & Hotel)
Hélène Darroze, 40190 Villeneuve-de-Marsan, Tel. 05 58 45 20 07 bis zum Umzug 1999 (Restaurant & Hotel)
Hotel de France (Daguin), place de la Libération, 32000 Auch, Tel. 05 62 61 71 71 (Restaurant & Hotel)
Le Pavé du Port, 2 quai de la Pêcherie, 40130 Capbreton, Tel. 05 58 72 29 28
Pain Adour et Fantaisie, 14 pl.des Tilleuls, 40270 Grenade-sur-l'Adour, Tel. 05 58 45 18 80 (Restaurant & Hotel)
Peyres, 40300 St.-Etienne-d'Orthe, Tel. 05 58 89 16 06

Patrick Dussau, „Ferme de Gibelle" (Enten), 40320 Pimbo, Tel. 05 58 44 49 04
L'Asparagus, Philippe Lafitte (nur in der Spargel-Saison), 40230 Saubion, Tel. 05 58 77 06 10
Château de Bachen, (Wein) 40320 Duhort-Bachen, Tel. 05 58 71 76 76
Darroze, (Armagnac) Avenue de l'Armagnac, 40120 Roquefort, Tel. 05 58 45 51 22

Feste und Veranstaltungen

Mai: Fest des Meeres in Mimizan
Juni: Fest des Meeres in Capbreton
Juli: Tag der Gastronomie der Landes in Hagetmau
Anfang Oktober Weinlesefest in Montfort-en-Chalosse
Mitte Oktober: Festival der „Art gourmand" in Mont-de-Marsan
Dezember: Foie-gras-Wettbewerb in Orthez

BÉARN

Adressen

La belle Auberge, 64270 Castagnède, Tel. 05 59 38 15 28 (Restaurant & Hotel)
La Terrasse, place de l'Eglise, 64270 Salies-de-Béarn

Weine

Lapeyre Frères / Domaine du Guilhemas, Avenue des Pyrenées, 64270 Salies-de-Béarn, Tel. 05 59 38 10 02
Domaine Cauhapé, Quartier Castet, 6430 Monein, Tel. 05 59 21 33 02
Domaine Cru-Baché, rue Barada, 64360 Monein, Tel. 05 59 21 36 34
Charles Hours, Quartier Trouilh, 64360 Monein, Tel. 05 59 21 46 19
Clos Lapeyre, Jean-Bernard Larrieu, La Chapelle-de-Rousse, 64110 Jurançon, Tel. 05 59 21 50 80
Cave des Producteurs de Jurançon, 64290 Gan, Tel. 05 59 21 57 03

Chapelle Lenclos, Patrick Ducournau, 32400 Maumusson, Tel. 05 62 69 78 11
Château Bouscassé, 32400 Maumusson, Tel. 05 62 69 74 67
Château d'Aydie, Vignobles Laplace, 64330 Aydie, Tel. 05 59 04 01 17
Capmartin, Le Couvent, 32400 Maumusson, Tel. 05 62 69 87 88
Le Couvent de Château Peyros, Denis de Robillard, chemin Peyros, 64350 Corbère-Abères, Tel. 05 59 02 45 90
Domaine Sergent, Gilbert Dousseau, 32400 Maumusson, Tel. 05 62 69 74 93
Laffitte-Teston, Jean-Marc Laffitte, 32400 Maumusson, Tel. 05 62 69 74 58
Vignobles de Gascogne, 32400 Riscle, Tel. 05 62 69 62 87
Cave de Saint-Mont, 32400 Saint-Mont, Tel. 05 62 69 66 76
Producteurs Plaimont, 32400 Saint-Mont, Tel. 05 62 69 62 87

Feste und Veranstaltungen

März (letztes Wochenende): Weinfest in St.-Mont
Jeden ersten Samstag im Monat: Marché au Terroir in Orthez
April bis Juli: Lachsangel-Wettbewerb in Navarrenx
Juli: Käsemesse in Etsaut im Aspe-Tal
Ende Juli/ Anfang August: Fest von Monein (Weinproben, Regionalprodukte)
August: Mittelalterlicher Markt in Aydius
„Piperade" in Salies-de-Béarn
September: Garburade (Fest der garbure) in Oloron
Salzfest in Salies-de-Béarn (altes Handwerk, Markt)
Schäferfest in Aramits (Umzüge von Schafherden, Schäferhundwettbewerb)
Oktober: Käsemarkt und Markt wie in alter Zeit in Laruns
Maisfest in Salies-de-Béarn
Am 3. Donnerstag: Fest des „Primeur" Colombelle (Heuriger Rotwein) in St. Mont
Dezember: Foie-gras-Wettbewerb in Orthez

▽ La Galupe in Urt

Rezepte

Anguille persillade 54
Canard aux griottes 26
Cassolette de mourue vert 132
Cassoulet landais 103
Chipirons farcies au pied de porc 131
Civet de lièvre à la bordelaise 55
Crepinette de pied de porc aux truffes 135
Crème au Sauternes 55
Croustillant d'escargots aux cèpes et au vert 128
Daube Béarnaise 124
Ecrasé de fruits rouges glace rhubarbe 130
Filets de sole aux betteraves rouges 130
Garbure 123
Gâteau basque 81
Gâteau moelleux à la citrouille 27
Hure de saumon 102
Magret fumé aux pruneaux 102
Omelette aux morilles fraîches 26
Parfait au touron, sauce chocolat noir 133
Pastis landais 103
Pâté de cèpes 127
Piperade 80
Piquillos farcies 80
Pomme de terre farcie à la charpie de cochon et jeunes legumes 137
Pommes de terre tièdes à la périgourdine 26
Pommes sarladaises 27
Poulet basquaise 81
Poulet Henri IV. 124
Queues de langoustines en croustillant de pommes de terre 129
Queues de langoustines, galette de courgettes 131
Rissole de poire Williams à la crème d'amande, chocolat chaud 136
Rognons Henri IV. 123
Rôti de truite à l'oseille, fumet d'huitres d'Oléron au caviar 128
Roulé aux poires 132
Salade de coquilles St. Jacques aux truffes et pommes de terre 134
Salmis de palombes 81
Sardines gratinées 79
Sauce Béarnaise 123
Sauce Bordelaise 54
Sauce Périgueux 26
Saumon confit aux épices 129
Soufflé aux pruneaux 124
Soupe d'haricots blances et potiron 102
Taboulé de blé vert au homard 136
Tarte renversée de ris de veau à la duxelle de champignons sauvages 134
Thon au Madiran 79
Thon Kaskarote 79
Tourin blanchi 54
Truffinette au velours de truffes 127
Truite aux noix 27
Ventrèche de thon des pêcheurs basques 133

Aal in Persillade 54
Backpflaumensoufflé 124
Baskischer Kuchen 81
Baskisches Huhn 81
Baskisches Rührei 80
Bauchstück vom Thunfisch aus baskischem Fang 133
Béarner Sauce 123
Béarner Schmortopf 124
Birnenrolle 132
Bohneneintopf aus den Landes 103
Bohnen-Kürbis-Suppe 102
Bordelaiser Sauce 54
Eingelegter Lachs mit Gewürzen 129
Ente mit Sauerkirschen 26
Entenbrust mit Backpflaume 102
Forelle mit Walnuß gefüllt 27
Forellenbraten in Austernsauce mit Kaviar 128
Fruchtmus mit Rhabarbereis 130
Gebackene Birne in Mandelcreme und warmer Schokoladensauce 136
Gemüsesuppe 123
Gestürzte Kalbsbriestorte mit Pilzfarce 134
Halbgefrorenes vom Touron mit schwarzer Schokoladensauce 133
Hasenrücken à la bordelaise 55
Huhn Heinrich IV. 124
Kartoffeln nach der Art von Sarlat 27
Kleine Tintenfische mit Schweinsfuß gefüllt 131
Knoblauchsuppe 54
Knusprige Schneckentasche mit Steinpilzen und Kräutern 129
Kuchen aus den Landes 103
Lachssülze 102
Langustinenschwänze mit knusprigem Kartoffelkuchen 129
Langustinenschwänze mit Zucchini-Törtchen 131
Lauwarmer Kartoffelsalat nach Périgord-Art 26
Nieren Henri IV. 123
Omelette mit Morcheln 26
Pfanne mit frischem Kabeljau 132
Salat von Jacobsmuscheln mit Trüffeln und Kartoffeln 134
Sardinen aus dem Backofen 79
Sauce nach Art von Bordeaux 54
Sauternes-Crème 55
Schweinsfuß im Netz mit Trüffeln 135
Mit Schweinshaschee gefüllte Kartoffel mit jungem Gemüse 137
Seezunge mit Rote Bete 130
Steinpilz-Pastete 127
mit Stockfischmus gefüllte kleine scharfe Paprika 80
Tabbouleh aus jungem Weizen mit Hummer 136
Thunfisch in Madiransauce 79
Thunfisch Kaskarote 79
Trüffel-Sauce nach Art des Périgord 26
Trüffelwurst in Trüffelsauce 127
Weicher Kürbiskuchen 27
Wildtaubenragout 81